이파리가 있는 풍경

국립중앙도서관 출판예정도서목록(CIP)

이파리가 있는 풍경 / 주천강문학회 [편]. -- [영월] : 주천강문학회 ;서울 : 문학공원, 2014
p. ; cm

ISBN 978-89-6577-115-9 03810 : ₩10000

한국 현대 문학[韓國現代文學]

810.82-KDC5
895.708-DDC21 CIP2014034347

이파리가 있는 풍경

2014년 제7집

주천강문학회

발간사

일곱 번째 동인지를 묶으면서

눈 깜짝할 사이에 한 해가 간 듯합니다
면단위의 문학단체로서 자부심도 있지만
참여도가 낮아 힘이 들기도 합니다
그런 중에 한국스토리문인협회의 회원들의 특집글은
단비와 같습니다
비온 땅에 물이 고인다고 합니다
이제 벌써 일곱 번째 동인지를 묶습니다
문을 열면 보이는 이웃처럼
이제 주천강문학회 회원들을 안 보면 살 수 없을 것만 같습니다
주천강문학회가 주천강처럼 면면히 흐를 수 있도록
그리하여 주천면 수주면 한반도면의 젖줄이 될 수 있도록
지도편달과 적극적인 참여를 바랍니다.
아울러 새로운 회원 발굴에도 힘써주시기 바랍니다.
책이 나오기까지 애써주신 영월군과 주천면 관계자 여러분과
도서출판 문학공원 대표 김순진 교수님께 감사드립니다.
새로운 한 해를 위해 또다시 도약의 발판이 마련됨에 자축합니다.

2014년 12월 12일

주천강문학회 회장 이 재 업 배상

차 례

Profile

김이진 金利鎭

·1957 강원도 영월 출생
·한국문인협회 정회원
·대한문인협회 정회원
·한울문인협회 정회원
·영월 동강문학회 정회원

·월간 한울문학 신인문학상 수상/詩부문(2005)
·월간 한울문학 작가상 수상(2006)
·문화예술교류진흥회 문학대상 수상(2006)
·창작문학예술인협의회 올해의 시인상 수상(2009)
·월간 한울문학 창립10주년 공로상 수상(2011)
·창작문학예술인협의회 전국시인대회 입상(2012)

시

서른이라는 시간 속에 외 4편

김 이 진

첫 만남
그리고 서른 해

부부라는
이름으로
우리는 사랑하며
아름다운 행복을 노래했지

때로는
아픈 상처
어루만지며
눈물을 흘린 적도 있었지

서른이라는
시간 속에 담아둔
미움도 사랑도 이제는
모두 안아줄 수 있겠지

첫 만남처럼
설렘은 아니지만

내 가슴속에서 잠든 당신은
가장 소중하고 아름다운 축복이지.

시

잡초도 꽃을 피운다

이름 모를
작은 풀꽃
볼품없다고
뿌리째 뽑아버린다

이를 지켜보던
어린아이 어쩌누 아프겠다
고사리 같은 손으로 어루만지고 있다

어떤 수녀님은
수도원 생활 중에
가장하기 싫었던 일은
잔디밭에서 꽃을 피운
잡초를 뽑는 일이라 했다

그렇게 화려하지도 않고
볼품없는 작은 꽃이지만
그 꽃을 피우기까지 많은
고통과 시련이 있었다는 것을…….

간이역

열차가
잠시 쉬어가듯이
나도 쉬어가고 싶다

아무도 없는
나만의 공간에서
삶에 지친 심신을
가을햇살에 맡기고
그렇게 잠들고 싶다

아프다
몸뚱이도
지친 마음도
밤새 울어대던 바람처럼
그렇게 신음소리를 낸다

도려내야한다
썩어 곪아 터지는 그곳에
메스는 숨을 죽이고 있다.

시

붉은 입술의 유혹

누구의
입술을 닮았음일까

그대
유혹의 손길에
흠뻑 취하고 싶음이네

내 젊은 날의
뜨거운 가슴이
꿈틀거리고 있다

가을 여인이
옷 벗는 소리에…….

서랍 속 만년필

서랍 속
알맹이들
껍데기 텅 빈 그 속

가슴 속
잉크냄새
마르지 않았다네

바람은
알고 있겠지
가래추자 그 소리.

Profile

서 동 안

1955년 전북 장수 출생
문예사조 詩로 등단
영월 동강문학회 회원
주천강문학회 회원
시와공간 운영위원
텃밭문학운영이사
시와수상문학 편집이사
움시 운영위원
푸른문학 회원
서정문학 회원
진안문인협회 회원

시

이파리가 있는 풍경 외 4편

서 동 안

노을 접어 내린 지붕 위로
깃발처럼 나부끼는 가로등 눈을 뜨면
흙 묻은 길을 거두어들이는 검은 손이
정제된 불꽃처럼 파랗다

불꽃에 스며든 새들이
하룻밤 노숙했던 나무의 저녁을 물리치고
아침을 필사하는 낡은 의자에
푸른 청춘의 등을 기대었던 가난한 시절

밤늦도록 풀벌레 오케스트라 받아내며 오선지 그려가듯
소멸하는 표정을 달빛에 적어 온밤을 지켰으니
담장을 넘기 위해 발을 들여 놓는 바람에게도
선뜻 옷깃을 내어 주는 속정 깊은 너

저 순수의 아침을 지나 저녁으로 가야하는 손님에게
푸른 경전을 읽어주면
아침이 꺼내 놓은 수천 개의 햇살무늬로 빛나는 거기
이파리들의 눈빛이 목숨보다 파랗다

가을빛 애증

햇살이 익고
달빛 익어
저리 고운 빛으로 제 몸을 익힐까

첫 번째 고백을 말하기도 전에
무서리 저리 내린 정지된 땅위에
딱딱한 시간 주무르며 하늘빛 내려놓는

아름답다 지쳐 슬픔으로 가득한 저 빛
붓을 들어 마지막 풍경화를 그려내듯
텅 비어갈 나뭇가지 어쩌랴

저만치 가다 돌아온 안개
산골에 눌러 앉아 살아볼까
명치끝에 가두어놓은 꽉 찬 인연 속

바스락거리는 기억 떼어내어
골골이 잦아든 그리움 이 가을빛에 놓고 가면
나는 어쩌라고

시

중년에 찾아온 고향

까치발 딛고 용소막 정수리에 내려앉은 햇살
이별이 되어 흩어지는 정거장에
가을을 내려놓은 버스가 경적을 울리며 문안 인사 건넨다

조목조목 접어놓은 자식의 길을
석양에 널어놓은 옥양목 홑이불에
까슬까슬 펼쳐내시며 한 평생 자식 기다리는 어머니

밤안개 곱게 서리는 시냇가에
발 담그고 지난 세월을 회상하면
까닭 없는 눈물이 강물로 익혀가는 내 고향 용소막

황국 무더기로 핀 골짜기에
쭈그리고 앉아 국화 송이 한 없이 세듯
생각만으로도 하얀 뺨에 꽃물 드는 풍경 담아
고단한 삶에 빗장을 지르고 싶을 때

추억이 석류처럼 익어가는 고향에 돌아가
저별은 네별 저별은 내별, 마른 가슴에 샛별 하나 새기며
코스모스 흔들리는 신작로를 배경으로 사진 한 장 담고 싶은

이제 손 흔들어 주는 사람 없어도
뉘도 모를 꿈같은 노을의 낡은 계단에 앉아
푸르뎅뎅한 시간을 열고
나이테 들여다보는 눈가에 맺히는 것은 윤슬이겠지

시

겨울 저수지

철새 발자국들이
바람 부는 방향으로 누워
액체에서 고체로 변환의 문장을 나열하는 계절
그 짱짱한 문을 열고 들어가서 묻는다

골짜기에서 초롱꽃을 만나 초롱불 밝히고
구겨진 물길 고요히 가라앉히며 저수지 만들었던 사람들
'그 시절은 참으로 치열했다'라는
발자국만 적어놓고 어디로 갔는지

겨울 저수지의 문장을 해독한 사람들은 안다
얼음장 아래로 물길 깊어지는 만큼 느리게 흐르며 썩어간다는
것을
저수지 관리하는 원앙 한 쌍이
단단한 생을 붙잡고 아침을 물어올릴 때
물안개, 세월의 고삐를 놓쳐버린 것일까

까마득한 시절부터 흘러왔던 물길은 사라지고
무성한 소문만 남겨둔 채
그들이 그렇게 떠났을 저수지에 봄은 아득한데
물을 물어 배를 불린 물 위로 숨 막힐 때까지 참았다

풀어서 강으로 밀어내는 그도 한때
누군가에게는 빛나는 풍경이었겠지

시

솜이불

너는 보았니
세상 너머 저 하얀 순백의 그리움으로 솜이불 덮어주며
따뜻한 이야기 들려주던 할머니의 겨울을,
그 겨울은 문풍지를 흔들고 떠났지만

갑갑한 가슴 열고 무심한 민낯으로
그 은밀한 자태를 드러냈다는 것은
참으로 긴밀한 순수일 것이다

벙글었다 터트리는 환한 표정을 그저 바라보는 것만으로도
할머니의 잉앗대 잣는 시간이 아직도 유효한 것 같아
무슨 말인가를 해야 하는데

자분자분한 손길로 동지섣달 긴긴 밤을
한 땀 한 땀 시침질하시어 만든 이불, 한 뼘 가슴으로 안아
이 추운 겨울 날 그믐달이 말갛게 낯 씻고 나온 새벽녘까지
시린 마음 데워주는 것은 꽃보다 더 겸손한 아름다움인 것을

달짝지근한 유년의 꼬투리다래 유혹 뿌리치고
내 나이 들어가는 속도만큼이나
캐시미론이불이며, 극세사(極細絲)이불에 밀려
장롱 깊숙이 자리한 솜이불도 이젠 많이 늙었겠다

Profile

양 재 룡

충남 논산 출생
영월 호야지리박물관장
<수필과 비평사> 수필 등단
수원 천천고등학교장 명예퇴직
주천강문학회 회장 역임

동인 시집
『가고 싶은 곳에 기다림이 있다』 외 다수

시

그게 그런가 봅니다 외 5편

양 재 룡

여름 내
화단에 물주고
잡초를
보이는 족족 뽑았지요.

가을이 오니
꽃들은 누렇게 잎이 지고,

군데군데 잎이 파란
잡초에
물을 줍니다.

시를 쓰는 사람이

뱅뱅 맴돌던 구절(句節)
큰 맘 먹고 한 줄 쓰자 해도
마음 뿐, 매번 하얗다.
옥 갈아내 듯
유려한 글을 쓰는 이들은
얼마나 아프고 부지런할까?

짧은 시어(詩語)에
어찌
단 몇 줄로
자연을 담아 섭리를 엮어내는지?
그리 고운 인생을 노래하고
가슴속 슬픔을 녹여내는지?
울분을 삭혀
포효를 터뜨리는지?

참 재주도 좋다.

그냥
부러워 죽겠다.

나

거울 앞에 서면
꿈이 있어 청년 같고
할 일 많아 한창 때 같고
옛날 생각 잦으니 늙은이 같기도 한데

엄니 생각에
눈물이 나니
천상
어린애
철부지다.

밥알 떨어뜨려
주워 먹고,
할 말 제때 못해 머뭇거리다
지청구 얻어 자신다.

손수건으로 입가를 닦아주면
뒷짐 지고, 얼굴을 내어민다.
마누라 꽁지 기웃거리며
너스레 웃는 폼이
천상

애 닮아가는
늙은이다.

시

토란

분수 만들자고 손바닥만 한 연못을 팠다.
몇 년째 물이 샌다.

연꽃을 심어달라는 아내의 청에
연못을 메꾸고,
연근을 못 구해 토란 열 포기를 심었다.
끝 여름이 되니
토란잎이
연잎을 닮아간다.

잡초를 뽑던 아내의
"토란잎도 참 예뻐요" 한 마디
아침 햇살에 흰 이가 반짝인다.
그간의 미안함이 싹 가신다.

'꿩 대신 닭'
연꽃은 못 보여 주었지만
토란국도 끓이고,
겨울 밤
은박지에 싸서
둘이서

맛있게 구어 먹어야겠다.

시

『한 잔의 소리차를 마시며』 출판 축하

누구인들 적어두고픈 사연이 없고
밤을 지새우던 번민이 없었을까?
누구나
영원히 간직하고픈 추억이 있고
보여주기 어려운 사연도 있으며
깨물어주고 싶어
호주머니에 넣어두었다가 몰래 펴보고 싶은
아름다운 사연도 있습니다.

누에가 뱉어낸 실을 엮어 명주를 짜듯
지나온 세월을 엮어
차 끓이는 소리를 마시 듯
'한 잔의 소리차를 마시며'를 펼치시니
축하의 꽃다발을 드립니다.

누가 인생을 '외로운 길'이라 했나요?
평생을 붙어 살아온 부부라서
굽이마다 깨알 같은 사연,
한 소절 글이 좋아
밤 지새워 홀로 지어낸 글들,

이제 함께 읽으며
또 다른 밀어(密語) 만들어 가십시다.

흐르는 물처럼 살라 해도
굽이치기도 하고 호수도 되는 게 인생살이라
우리는 굳이 그때를 탓하지 말아야 합니다.

지나온 세월보다
남은 날이 더 짧겠지만

다가올 날들이 더 설렙니다.
기다림의 뒤에는 설렘이 앞서기 때문입니다.

나 호야(豪野)
너 다천(茶舛)
방문 앞에 '야천산방(野舛山房)' 현판을 걸어놓고
신혼처럼 아늑히
황혼으로 넘어가는 인생을 살자 했지요.
그렇게 설레면서 사십시다.

『한 잔의 소리차를 마시며』의 출간이
반갑고 기쁩니다.

그리고
젊은 당신에 취해
행복합니다.

과꽃

가을이면 꽃이 피리라
과꽃을 심었다.

나이를 먹으면서
매년
혼자 슬퍼했던 가을

그 가을이 오면
가는 세월에
또 한 번 시름이 깊어지는 줄 모르고
아직 한여름인데
벌써 봉오리를 터뜨린 철없는 과꽃
이미
가을을 걱정하네

시름이 검버섯처럼 피어야
늙어가는 게
사람 사는 이치인 것을…

철 이른 과꽃
그만 재촉하시게

Profile

이 방 인

주천강문학회 회원

시

나는 너를

이 방 인

너를 나를
우리는 낯선 이방인들처럼
무표정한 얼굴로 지나갔지
나는 너에게
너는 나에게
아무런 느낌조차 없는 사람들
우리는 오늘도 또 그렇게 하루를 지나갔지
한번이라도 그대를 바라보았다면
그대가 한번이라도 나를 바라보았다면
우리는 또다시 낯선 이방인이 되지 않았겠지
내일은 미소지으며 인사해야지
잠시 스쳐가는 인연이라도
소중한 만남이니까

Profile

이 용 욱

강원도 영월 출생
단종백일장 수상
<자유문예> 등단
<자유문예> 신인상 수상
자유문예 회원
주천강문학회 회원

동인 시집
『가고 싶은 곳에 기다림이 있다』
외 다수

시

함께할 사람이 있어 좋다 외 6편

이 용 옥

오늘도 함께할 사람이 있어 좋다.
사랑하는 사람과
이별 하지 않아도 되고
먼발치에서 바라보지 않아도 되고
지금 이대로
마주 보고 이야기 할 수 있어
행복 하다.
너 지금 행복하냐고 묻는다면
그 사람 처음 만났을 때처럼
가슴이 두근두근 뛰고
저리고 아프다고.

설움

가슴속 묻어두었던

울음이 복받쳐

울컥하던 날

바람도 울었고

하늘도 울었소.

시

하는 일

생활이 단순해진다.
아무생각이 없다.
하는 일이라고는
빙 빙 빙 제자리
밥 먹고 가게에서 일하고
집에 와서 씻고 자는 일
먹고살기 힘들다.
내가 너무 허무하다.
반복되는 생활
벗어나자.
배낭을 둘러메고
산으로 고고
바다로 고고

돈

꽃은 아름다울수록 독이 있고
여인은 볼수록 슬픔이 있다.
남자는
무서운 칼날 같으나
침묵 속에 사랑이 있고
돈은 가지면 가질수록
무섭다.

오빠 내꺼야

이쁜 화장을
한 듯 안한 듯
긴 생머리에 날씬한 키
볼록한 가슴
한눈에 반해버린 나
누난 내꺼야
누나 누나야
우리 데이트가자
누나를 위해서라면
무엇이든 할 수 있어
내 곁에만 있어줘
연예인도 싫고
부자도 부럽지 않네
누나는 멋쟁이
누나는 내 사랑
누나는 내꺼야
안아줘 그리고 춤추자.

그리움

눈물을 보였나요.
잡을 듯 내 민손
잡지 못하고
참아보지만 눈물만 흐른다.
꿈속에서라도
만났으면
놓지 않으리
당신이기에

시

아름다운 눈

너의 눈 속에
내가 있고
아름다움만 보이는 눈
내 눈 속에
네가 있고
사랑이 가득한 눈
너의 가슴속에는
내 무덤 있다.
죽어서도 함께 할 수 있는
자리
내 가슴속에
네가 전부다.

Profile

이 재 업

강원도 영월 출생
<자유문예> 등단, 시부문 신인상 수상
자유문예문인협회 강원지부장 역임
자유문예작가협회 강원지회장 역임
한국문협 영월지부. 동강문학회 회원
주천강문학회 회원
현재 문협영월지부. 동강문학회. 주천강문학회 사무국장
5인 시집 : 『아름다운 동행』 출간
동인지 : 『동강에 뜨는 별』 외 다수
시 카페 "시와 별 그리고" 운영

http://cafe.daum.net/12243
다음카페 "주천강 문학회" 운영
http://cafe.daum.net/sj1122

E- mail - leejaeeup@hanmail.net

시

엄마에게 외 7편

이 재 업

난 엄마가 있어 좋다
힘들 때 기대어
아기처럼 투정을 부려
엄마를 속상하게 해도
보듬고 다독이는
엄마가 있어 나는 좋다

흐린 날은 흐린대로
갠 날은 개인대로
엄마가 보고 싶어서
눈물 날 때도 있지만
그때마다 따뜻한
가슴 한 켠을 내어주는
엄마가 있어서
참 행복하다

그대 함께여서 행복해요

우리서로 힘들 때
마음기대고 의지하자고
친구라는 이름을 지었을 땐
이렇게 좋아하는 감정이
그리움으로 쌓여질 줄 몰랐습니다

전화기를 붙잡고 산다는 말
하루에도 수없이
문자메시지를 주고받으면서
어제보고
오늘 또 보고 싶은 마음에
하루가 너무나 길게만 느껴집니다

내가 가장 힘들 때
죽을 만큼 힘든 시간을 보낼 때
마음 한 켠을 내어주며
곁에서 기댈 수 있게 해준 그대
그대가 있어 나는 행복합니다

입소문

한 사람 건너갈 때마다 살점이 보태지고
몸집을 부풀리게 되는 것이 소문이다

남의 말 하기를 좋아하는 사람
그 사람의 머릿속은 어떤 모양일까
세모일까, 네모일까, 그도 아니면
뾰족 가시모양으로 생겼을까

내가 사랑을 하면 로맨스고
남이 사랑을 하면 모두 불륜이라더니
아무 일도 아닌 것을 가지고 마치
큰일이라도 난 것처럼 떠벌리고 다니면서
이러쿵저러쿵 참 말들도 많다

처음엔 작은 모래알에 불과했던 것이
입에서 입으로 옮겨질 때마다 부풀려져서
커다란 바윗돌이 되어 감당하기 힘들만큼
거대 몸집이 되어버리는 게 바로 입소문이다

자신에게 잘못한 것도 아닌데
자신에게 해를 끼치는 것도 아닌데

남의 일이라고 말하기 좋다고 해서
함부로 험담을 하고 상처를 주는 일이
얼마나 무섭고 무모한 일인가를 모르는 것 같다

이러 이러하니 이렇겠지 라고 하는
막연한 추측만 가지고 남의 말을 옮겨서
한 사람을 곤경에 빠뜨리는 일
그것처럼 무모하고 위험한 일은 없을 거다

남들이 내 말을 하고 험담을 하고 없는 소문을 내면
상당히 기분 나쁜 것처럼
상대방도 똑같은 기분을 느낀다고 생각하면
무턱대고 남을 헐뜯고 있지도 않은 일을
입소문 내는 행동은 하지 않을 거다

잇지도 않은 일 마치 자신이 본 것처럼
떠벌리고 다니는 그런 사람들 머릿속이 궁금하다

시

당신과 함께라면 어디라도 좋아요

당신이 지쳐있을 땐
기댈 수 있는 어깨를 내어주고
당신이 힘들어 할 땐
힘내라고 손잡아 드릴게요

당신이 외로울 땐
마음의 친구가 되어주고
당신이 슬퍼할 땐
따뜻한 미소를 드릴게요

당신이 아파할 땐
아픈 곳을 어루만져 주고
당신이 눈물 흘릴 땐
그 눈물 닦아드릴게요

당신이 추워서 떨고있을 땐
가슴으로 꼭 안고
당신 입술에 살포시 키스해줄게요.

아줌마

사람들은 그녀를 아줌마라 부른다
한 남의 아내로 살면서
이름마저 잃어버린 그녀
그녀에게서 중년의 향기가 난다

세월과 맞바꾼 청춘
늙기도 서러운 중년이 되니
이마에 난 인생의 깊은 강이
처녀 때 수줍음 많고 다소곳하던
그 모습을 삼켜 버린 지 오래
억척스럽고 털털하게 변한 그녀를
사람들은 아줌마라고 부른다

시

방황의 시간이 끝나는 날

괜스레 눈물이 난다
TV 속 드라마를 보다가도
무엇엔가 열중하고 있다가도
가슴이 울컥거리곤 한다

소리치고 싶다
목이 터져라 소리치고 싶다
답답한 가슴이 열리든
아니면 터져버리든

취하고 싶다
술 취해 드러눕고 싶다
정신이 혼미해지도록
만신창이가 되어서
나 자신을 잊어버리고 싶다

아무런 의미도 없이 살아온 삶
그 방황의 시간이 끝나는 날
홀연히 깊은 잠에 빠지고 싶다

낙화

나 홀로 빗속에 서서
넋이 나간 듯
흘러가는 강물을 본다

물위로 하얗게 끊어 오르는
안개 속에 서있는
또 다를 내를 보았다

실오라기 하나 걸치지 않은 채
홀가분한 모습이
아주 편안해보인다

나를 부른다
거기 그렇게 서있지 말고
내미는 손을 잡으라고 한다

힘든 세상
힘들 짐 다 내려놓고
손잡아줄 테니
망설이지 말고 어서 오란다

비밀 · 2

내게 비밀이 생겼어요
누구에게도 말하지 못할
혼자서 안고 가야 할
비밀이 하나 생겼어요

날마다 조금씩 자라고 있는
비밀 덩어리에
오늘도 살점하나를 붙이고
혹여
누군가 엿보기라도 할까봐
몇 번을 접고 또 접어서
가슴 속 깊은 서랍에
꼭꼭 숨겨 놓았어요

그녀에게도 비밀이 생겼대요
남들이 알까봐
남들에게 보여주지 않으려고
마음 속 깊이 간직하고 있는
비밀이 하나 생겼대요.

Profile

조 석 희

농업. 한반도면 거주
주천강문학회 회원

시

여울강 외 5편

조 석 희

손맛하면 누가 뭐라 하던 쏘가리
입맛하면 두말할 나위 없이 쏘가리
몸값하면 머니머니 해도 쏘가리
금수강산 강이면 강마다
바위 밑 드나들며
여울 속에 산란하고 번식하던 쏘가리
사대강 오대강 이래종강 만들어
소중한 우리어종 기대어 살 곳 사라져가지만
동강댐 물리친 영월동강
매립장 물리친 영월 서강
철따라 꽃잎 싣고 힘차게 흐르는 여울강
살찐 쏘가리 드문드문 걸려들고
국토에 혈기 공급하는 동맥처럼 느껴진다

만감

무엇을 해먹을까
그래 얼큰한 김치 찌게를 해먹어야지
우선 밥부터 안처 놓고
젠장, 표주박으로 쌀을 적당량 떠내려 했는데
속이 보이지 않는 종이포대
긁어도 털어도 밥 한번 지을 분량도 채 안되었다
밤, 밀, 콩 등 잡곡을 찾아 보테며
시간이 60년을 거꾸로 흐른다
혼수에 필수이던 잔량이 보이던 원터치 쌀통
가마니, 독, 뒤주, 곳간, 부뚜막에 모셔 놓은 항아리
십시일반 허리띠를 졸라매며 이웃을 사랑한 시절
학비 공양 품삯 참으로 소중한 쌀이다
길 건너 마트에 임금님 그려진
소문난 명품 쌀이 널려있어 참 좋다
쌀 초대는 곳 시화연풍일 것이다

시

연꽃단지

뻘 속으로 뻗은 뿌리
공간으로 향을 빚어

높이 올린 꽃대 잎대
숭숭 뚫려 향을 전하고

허공에 펼쳐든 손
구름 한 점 잡지 못한 채

가을바람에 서걱서걱
향기인 듯 여운인 듯

요선암 · 1

도원강 설귀산 돌아
무릉반석 다다르면
돌돌 굴려 암반 깎아낸
돌개구멍 아름다운 곳

목욕중인 선녀 훔쳐본 이 있는 듯
선녀탕이라 전해오고
신선을 맞으려 신선이 되어 머무는
요선암이라 전해오는데

뉘라도 선녀탕 물소리 듣다보면
선녀도 다녀가고 신선도 머무르는 느낌이 든다

가득가득 채워진 탕에
구름 한 점 떠가고 내 마음도 떠가고
마애여래 눈가에 미소가 잔잔할 때
내 모습 비춰 담아 인간허물 씻어본다

시

요선암 · 2

미력한 중생 욕심을 비우라 하고
아픈 곳을 덜어 준다는 아애여래좌상
요선정 요선암 선녀탕을 돌아
미륵암에 들어서면
나직한 댓돌 위에 언제나 그랬듯이
가지런히 놓인 자그마한 흰 고무신 한 켤래.
삼라만상이 멈춘 듯 조용한 절간
불경을 외고 계실까
백팔 배를 올리고 계실까
무아지경에 이른 것일까
중생을 위한 기도를 하고 계시려나
주머니를 열지 못한 묘한 감정 뒤로 한 채
경내를 벗어나자 뜬금없이
뜻도 모르는 옴마니 반메훔이 떠오른다
누군가 관심법으로 나를 보고 있는 것은 아닐까

운명

뻐꾹새는 오목눈이의 종지만한 작은 둥지에
주인 없는 틈을 엿보다 얼른 알 하나 낳고 달아나며
주문인지 애절 인지 뻐꾹뻐꾹 울어 대더니
오목눈이네 그 알을 품을 때도 깨어날 때도 자랄 때에도
뻐꾸기는 수시로 찾아와 혼절하듯 자지러지듯
태교에서 각인까지 가르치고 일러준다
작은 알들 보다 한나절 먼저 깨어난 먹보는
어깨를 추스른 뒤 오목눈이 알들을 하나 또 하나
등으로 밀어둥지 밖으로 떨어뜨리고 난 뒤
영문을 모르는 오목눈이는 먹여도 먹여도 배가 고픈
먹보를 보며 한번은 혹시 이 녀석 하는 듯 갸우뚱해본다
여섯 남매 내동댕이친 녀석을 배 안골리려다
오목눈이네 지쳐 주저앉은 어느 날
혼신 다해 기른 녀석 반벙어리인 줄 알았더니
하늘 높이 날아올라 뻐꾹뻐꾹 생부 생모를 찾는다.
몇날 며칠 애를 끓이고 패거지를 따라 다닌 녀석
삐쭉 한 번 찾아왔다 아주 멀리 사라져 가버린 녀석
남쪽 하늘만 하염없이 바라보며 그렇게도 슬피 울던
오목눈이네
겨울지나 봄이 오자 운명처럼 뻐꾸기 우는 숲에 서둘러 둥지는
튼다.

Profile

전 하 라

계간 <수필춘추> 수필 등단,
계간 <스토리문학> 시 등단
한국문인협회 회원
한국스토리문인협회 회원
안산문인협회 회원
문학공원 동인
고려대학교 평생교육원 시창작과정 수료
계간 <스토리문학> 편집장
시집 『발가락 옹이』

나라는 가방 외 4편

전 하 라

가방 가득 옷을 구겨 넣으며 여권을 챙긴다
기껏 며칠 나가면서 꾸역꾸역 삼키는 옷가지에
묻어나는 꼬투리를 잡는 말들이 들어온다
언제 올 건데
안가면 안 돼
꼭 가야 해
용의주도한 말들을 따돌린 일상어가 숨바꼭질을 포기하고 줄서 있다
모든 것을 뒤로하고 떠나는 길이 쉽진 않아도 한번쯤은 그래보고 싶어
서둘러 가방을 잠근다
사십이라는 숫자가 멀게만 느껴졌는데
어느새 꼬깃꼬깃 말려들어가는 가랑잎처럼
17 27 37 딸려온 숫자가 전봇대처럼 성큼성큼 점프를 한다

열리고 싶지 않던 트렁크에 한 짐 가득 숫자를 채우고 길을 나선다
가방 귀퉁이에서 꼬투리를 잡는 구슬픈 석삼 너구리…
육십갑자가 실어증을 앓고 있다
오징어는 시꺼먼 먹물을 뿜을 채비를 하고

물비늘을 벗긴다

근무시간인데도 너무 졸려서
시원함이 부르는 곳
사무실 근처인 청계천 황학교 아래로 나갔다
교각 아래에서 비둘기들과 대화를 한다
소풍 나온 할머니들의 웃음이 물비늘을 만들고 있다
지나가는 사람들의 발소리가 봄으로 행진을 한다
상쾌한 바람이 오욕칠정이 씻기어가는 것 같다
멀리서 자연을 관음하던 나를 물가에 내놓으니
물고기가 물을 만난 듯 편안하다
봄이 때를 가리지 않고 물속으로 뛰어들고 있다
나도 시를 가리지 않고 물가에 서서 여인의 계절을 빠뜨린다

눈으로 먹은 봄의 눈꺼풀을 푸르게 열고
마음의 물비늘을 벗긴다

시

바람의 보폭

바람이 불더니 두둑거리며 거대한 블라인드를 친다
갑자기 비가 몇 걸음 떼지 못하고 사라졌다

누구지,
그가 나지막하게 포복으로 다가온 것도 모르는 체 나는 두리번거린다
생각이 많아 가을을 잊고 살아가는 내게 그가 조금의 웃음과 약간의 심통을 안고 다가와 있다
유난히 추위를 싫어하는 내게 그는 장막을 쳐서 하늘을 닮은 스카프를 둘러준다
목이 따스하다
이왕이면 히잡을 쓰고 싶다
이 뱅글거리는 귀도 막고 싶다
아직 그가 알라스카와 시베리아를 다녀오지 않았으니 기다려야 한다

그의 보폭이 늘어나는 계절
지난 봄 나를 포근하게 안아주던 그가 비를 채간 것일까
아, 오늘은 왠지 북서풍이 그립다
약하게 떨어지는 빗방울에도 어깨가 움츠러든다

딸기네 집

모임 후 갈비를 먹기 위해 신설동으로 갔다
한턱 크게 쏘겠다는 친절함이 통해
맛스러움이 한 턱 추가됐다
다들 맛과 우정을 배에 가득 채우고
배불러 죽겠다는 엄살 아닌 엄살을 부리고 있었다
모두들 우정의 맛에 길들여지고 있을 때쯤
72번 친구가 딸기를 두 팩 사줬다

그리 예쁘지 않은 얼굴의 그녀
나는 매일 그녀를 보기 위해 그 앞을 지나간다
화장 짙은 얼굴을 한 그녀는
윈도우 안 집장촌 아가씨로 보인다
늘 갇혀있어 나다닐 수도 도망갈 수도 없는 그녀
일정한 돈을 지불해야지만 느낄 수 있는 그녀
그녀가 시들하게 입술을 뾰로통하게 내밀고 있는 날이면
나의 입술도 뾰로통해진다
그녀에게서 푸릇한 풀피리소리가 나면
내 몸도 더불어 고향의 풀밭을 거닌다

그녀는 나의 별이기에

시

먼지, 뭔지

방을 치워야 저녁을 주겠다며
두 아이들에게 방청소를 강요한다
작은 아이는 큰 아이에게 미루고
큰 아이는 빗자루를 발로 민다
빗자루가 지나간 곳에 머리카락과 먼지들이 밀려왔다
나는 빗자루를 들고 밖으로 나가 있으라며
아이들을 먼지처럼 밀어내고
구석구석을 쓸고 있다
쓸리고 싶지 않은 머리카락과 먼지들이
서로 스크럼을 짜고 두런두런 밀려나온다
산다는 것이 무엇이 가까운지 무엇이 먼지 모르겠다
어디서 그렇게 많은 먼지와 머리카락이 나오는지
삶이란 먼지를 만드는 일인 것 같다

빗자루를 쥔 듯 보이지만 먼지덩어리인 삶
그렇게 살아도 사는 게 뭔지
잘 모르겠다

Profile

김 원 식

1954년 수주면 도원리 출생
월간 <스토리문학> 시부문 등단
인빌뉴스 전문기자
영월군 문화관광 해설사
한국문협영월지부, 주천강문학회. 동강
문학회 회원
한국스토리문인협회 강원지부장
칼럼집 『희망 영월을 보다』 발간

수필

여성친화도시 영월의 서울 나들이 외 1편

김 원 식

가을이 붉게 물들기 시작하는 10월의 8일, 영월군 여성친화도시 모니터단 일행은 새벽길을 떠나 경기도 부천을 향했습니다. 찾아간 청천1동 주민자치센터에서는 직원 분들이 반갑게 맞이하여 주는 손을 잡으면서 따뜻한 인사를 나누었습니다. 이어지는 대화들 속에는 사람이 살고 있는 그 어느 곳이든 비슷한 걱정들이 있었습니다.

결코 높지 않은 담을 사이에 두고 살고 있지만, 울 넘어 어느 분이 계시는지 알 필요도 없고, 알 수 있는 시간적 여유도 없이 바쁘게 지나가는 하루들의 연속이었음을 알게 됩니다. 이른 새벽에 열고 닫고 밤늦은 시간에 열고 닫으면 끝인 대문을 바라보면서, 하루 종일 들락날락 거리는 부산한 동네가 된다면 얼마나 좋을까에 대한 생각이 이르게 되었다는 설명이었습니다.

불편한 일들이 발생되는 원인은, 옆집에 누가 살고 있는지?, 스쳐지나가도 누가 누구인지를 전혀 알지 못하기에, 담하나 옆집에서 문제가 생겨도 못 들은 척, 못 본 척 그냥 지나치게 된다는 것이었습니다. 걷기만 하면 긴장되는 골목길을 조금이라도 빨리 대문을 열고 집안으로 들어서고 싶은 골목길을 머물고 싶고 떠들썩한 골목길로 만들 수는 없을까? 작은 틈이라도 있으면 생활쓰레기가 쌓이는 골목길을 어찌하면 좋을까? 이었다고 합니다.

고민하던 실무진과 동장은 다양한 해결책을 찾아내기 시작했다는 설명은 이러했습니다.

하루에도 서너 번씩, 사무실에서 잠시잠깐의 여유만 있으면 골목길을 다니면서 사람만 나타나면 큰 소리로 "저는 누구입니다" 인사를 하기 시작하였고, 사람의 소리를 듣게 된 이웃들은 한집 두 집 대문을 열기 시작했다는 것입니다.

한 치의 틈이라도 있으면 향기가 그윽한 화초를 심고, 광고물을 붙이지 못하게 전주대마다 1.5미터 높이로 푸른색 깔판을 두르고, 위에는 엷은 색 가로등과 식별을 겸한 골목길번호가 멀리서도 금방 눈에 들어오도록 하였고 , 쓰레기가 모이던 상습지역은 파란 그물망을 설치하였더니 자연스럽게 깨끗하고 청결해지는 골목길이 되었다는 설명이었습니다.

그 길을 걸었습니다. 서로모여 담벼락에 그림을 산뜻하게 덧칠하는 모습을 보았고, 가정마다 가족의 이름을 새긴 넓은 판자에 가훈을 겸한, 참 아름다운 시와도 같은 글을 함께 새긴 문패도 보았습니다. '우리 집에는 누가 살고 있으며 이러한 마음으로 살고 있습니다.' 를, 대문밖에서도 한가정의 진면목을 충분히 이해할 수 있는 열린 가족을 보았습니다.

문득, 어느 저명하신분의 말씀이 떠오릅니다.

"나를 지켜내기 위한 최대의 방어는 공개"라는 말이었습니다.

그것을 알고 있는 주민 분들이셨던가. 봅니다. 이른 아침이면 대빗자루를 들고 집 앞을 쓸어내고, 옆집에서도 대문을 열고 나오면 반갑게 인사를 나누는 이웃사촌이 되어가는 모습들에서 서로가 서로에게 새로운 감동들이 밀려오기 시작했다고 합니다.

나름으로의 결론은 이러했습니다.

'이웃을 편안하게, 존중하는 언어, 서로를 공경하는 평안한 이웃'의 시작은 '예를 갖추고 큰소리로 인사하기'였구나 입니다.

"안녕하세요."

"행복한 오늘입니다"

"고맙습니다."

"감사드립니다."

서로에게 말 할 수 있는 영월, 여성이 편안하고 행복한 도시를 만들기 위한 방법은 멀리 있는 것이 아닌, 언어와 몸짓으로 실천을 하기만 하면 되는 것이 아니었는지? 그렇게 귀착되는 오늘입니다.

읽어주신 여러분! 고맙습니다. 감사합니다!

걷기만 해도 인품이 높아지는 행기골

영월에는 '행기골'이라는 곳이 있답니다.

옛날 옛날에 읍에 사시던 어른들은 오늘날의 향교가 있는 골·고을·골목·골짜기를 '행기골'이라고 했지요.

가파른 언덕을 오르면 가쁜 숨을 고르라는 듯 조금은 편안한 내리막길로 들어서면 오른쪽에 자리 잡은 향교를 만나게 됩니다. 삼문(三門) 위로 누각이 있고 안에는 여러 채의 건물들이 자리 잡고 있습니다.

2층 누각은 선대 어른들의 깊은 마음을 헤아리기조차 어려운 '바람을 가르치다'라는 뜻인 풍화루(風化樓)라 하였고, 안채 중앙에 있는 건물은 '밝아야 할 사람의 도리를 당당하게 가르치다'라는 뜻이 담긴 명륜당(明倫堂)이 있으니, 유림의 선비를 양성하던 학당입니다.

읍내에서 행기골 향교에 다다르기까지는 글을 배우면서 사람의 근본인 도리를 익히고자 애를 쓰던 길이었습니다. 일정한 수준의 학식과 인품에 이르기까지 얼마나 많은 분들이 이 길을 오르고 내리고 하였을까요?

상투 틀고 허리춤에 곰방대 끼우고 다니시던 어른들이 걸으셨던 길이었습니다. 시절은 변하여 포장도로에 양 옆으로는 큼직한 건물들이 있지만 그 옛날에는 언덕에 올라야만 향교에 계시는 스승을 만나 뵈올 수 있는 황톳길이었을 것입니다.

풍화루 삼문 앞에서 도령을 기다리는 이도, 명륜당에서 글 읽는 소리를 귀담아 들었을 것이고, 때로는 땅바닥에 작대기로 글자를 쓰면서 익히기도 했을 것입니다.

훈장은 학동의 글소리 멀리 번져나라고 시조를 낭송하듯 더 크게 글을 읽으라고 재촉했을 것입니다. 누구든지 이 행기골을 찾아온 이가 있다면 듣고 익히고 깨달아달라는 훈장의 배려가 담겨있는 글의 소리는, 희망의 노래이었기에 일부러라도 왔다 갔다 하면서 귀담아 들었을 글공부는 마음공부로 이어지니 자연스럽게 인품이 높아지는 길이었습니다.

그렇게 시작된 글공부에서 사람의 공부를 하게 된 그 옛날의 이야기들이 지금 이 길 위에 발자국이라도 있을 것만 같고, 고개를 쳐들면 마주보이는 봉래산을 바라보게 됩니다.

다가서기 어려워 태산만큼 크게 보이던 글도 속이 깊은 골짜기만큼 사람다워지는 깊이를 느끼기도 했을 그 기쁨을 가득 안고, 오르고 내렸을 '행기골'입니다.

어디에 있든 지금 있는 자리가 당당하고 떳떳한가? 를 가리면서 가다듬던 옛 어른들, 글 읽는 소리가 흥겨운 노래 소리로 들려야만 사람다워진다는 성현의 말씀을 들을 수 있는 그 자리에서, 바람의 가르침을 받던 옛날 옛날의 학동이 되고 싶은 오늘입니다.

Profile

김 순 진

1984년 시집 『광대이야기』로 작품활동 시작
고려대 평생교육원 시창작과정 교수
계간 스토리문학 발행인
도서출판 문학공원 대표
장편소설 『너, 별똥별 먹어봤니』
장편동화 『태양을 삼킨 고래』
수필집 『리어카 한 대』
『껌을 나눠주던 여인』
시집 『광대이야기』, 『복어화석』
평론집『자아5, 희망5의 적절한 등식』
시창작이론서『좋은 시를 쓰려면』
『효과적인 시창작법』외
편저 『애인』 외 다수

단/편/소/설

윌리엄 해밀턴 쇼(William Hamilton Shaw)

김 순 진

맥아더 사령관이 지휘하는 UN군이 인천상륙작전에 성공한 이후 김포반도와 행주산성 전투에서 승리하고 신촌 노고산 전투에서마저 큰 전과를 올린 쇼의 부대는 사기가 충천했다. 쇼 중위는 생각했다. 자신이 생각해도 참전한 일은 참 잘한 일이었다. 순간 가족들의 모습이 떠올랐다. 지갑을 열어보았다. 지갑에는 두 장의 흑백 사진이 들어있었다. 한 장은 윌리엄 목사 내외인 부모님 사진이었고, 한 장은 아내와 아이들 셋이 함께 막내 딸 밀라니의 첫돌을 기념해서 찍은 사진이었다. 노고산의 여기저기에 주검이 나뒹구는 전장에 앉아있는 쇼는 하염없이 눈물을 쏟았다. 그리고 사진에 대고 키스를 했다.

“존경하옵는 어머니, 아버지! 당신의 체취가 묻어나는 평양을 탈환해드리겠습니다. 침략자들을 몰아내고 그곳에 당신의 교회를 세워드리겠습니다. 저도 고향 친구들과 만나 대성산의 진달래꽃을 따러 가겠습니다. 유년의 추억이 서린 대동강 물에 멱을 감겠습니다. 조금만 기다려주십시오.”

그리고는 그 사진을 뒤로 포개어 아내와 아이들이 함께 찍은 가족사진을 바라보았다.

“여보 주아니타! 사랑하오. 너무나도 보고 싶소. 그러나 내겐 이

곳에서 해야 할 일이 남아 있소. 내 고향 사람들에게 웃음을 찾아주는 일이오. 평화를 찾아주는 일이오. 그들의 전통과 추억을 유지할 수 있도록 도와주는 일이오. 그것은 곧 나의 일이고 당신의 일이며, 미국의 일이오. 조금 더 기다려줄 수 있겠소 여보!"

그의 눈에서 흐르는 눈물은 그가 참전을 결정한 이후 맛보는 최초의 눈물로 가슴 벅찬 눈물이었다.

"사랑하는 큰아들 스티븐 쇼와 둘째 아들 리차드 쇼, 그리고 막내딸 밀라니야! 아빠가 전장에서 죽는다고 할지라도 슬퍼하지 말아라. 이 세상의 누구든 한 번은 죽는단다. 아빠는 고향사람들이 죽어가고 있는데 한가로이 공부나 하고 있을 순 없었단다. 맥주를 마시며 야구나 즐기고 있을 수는 없었단다. 이해해주렴!"

그의 참전에 대한 각오는 단호했다.

*

1학기 학기말 시험이 끝난 날, 해밀턴 쇼는 함께 철학박사 과정을 공부하고 있는 친구인 도널드 리건과 함께 하버드대학교 교문을 걸어 나오고 있다.

"내일 야구 보러 가지 않을래? 뉴욕자이언트와 LA다저스가 붙는단 말이야. 이번 야구는 어디가 이길 것 같니? 난 원래 뉴욕자이언트 팬이었는데 요즘은 달라졌어. LA다저스가 너무 좋아. 다저스 단장 브랜치 리키는 온갖 모욕과 핍박, 차별을 참아내며 최초의 흑인선수 재키 로빈슨을 받아들였잖아? 그것도 1루수 겸 4번 타자로 말이야."

쇼가 흥분한 듯 물었다.

"야, 인마! 너나 혼자 가! 세상에는 구분이 있는 거야. 백인과 흑인은 달라! 백인은 우월해. 이 세상을 지배하기 위해 태어난 거야! 이 신성한 메이저리그에 흑인 선수를 기용한다는 것은 수치야! 흑인들은 권투도 있고 레슬링도 있고 할 수 있는 운동이 많잖아! 왜 흑인들을 메이저리그 게임에 넣는 거야! 내가 보건데 메이저리그는 망했어! 이젠 야구 같은 거 다신 안 볼 거야. 미식축구도 있고 농구도 있고 얼마나 재미있는 게 많은데 그따위 야구를 보겠어! 그럴 시간이 있으면 공부나 한 자 더 해 인마!"

리건은 깜짝 놀라 쇼와 거리를 두면서 말했다.

"그래? 싫으면 그만 둬라! 우리 와이프 주아니타랑 봐야지! 인마, 네가 안보겠다고 하면 함께 야구 보러 갈 사람이 없는 줄 알아? 짜식! 모처럼 시험도 끝나고 해서 머리도 식힐 겸 맥주나 마시면서 야구 좀 보려고 했더니 튕기긴 되게 튕기네! 인마, 피부 색깔이 어떻든 사람은 누구나 소중한 거야. 누구나 성공할 수 있고, 누구나 능력을 인정받아야 하는 거야! 그 피부 색깔 때문에 잘 하는 것을 인정하지 안 는다면 어떤 게임도 반쪽이 될 수밖에 없는 거야 인마! 싫으면 관둬! 그래, 그럼 월요일에 만나자! 잘 가!"

쇼는 속으로 기분이 너무 나빴다. 평소 흑인뿐만 아니라 멕시칸이나 중남미, 그리고 아시아 사람들을 천대하는 백인들의 생각에 대하여 늘 불만을 가지고 있던 쇼였다.

둘은 헤어졌다. 그리고 버스를 타고 집에 돌아온 쇼는 아이들을 불렀다.

"윌리엄 리키, 윌리엄 밀라니! 어디 있니? 아빠 왔다."

다섯 살 박이인 큰 아들 큰아들 스티븐 쇼와 둘째 아들 리차드 쇼는 아빠의 말에 팬티만 입은 차림으로 뛰어나오고, 뒤를 이어 딸

아이인 밀라니는 엄마인 주아니타의 품에 안겨진 채 거실에서 나오고 있다. 쇼는 뛰어나오는 둘째 아들 리차드를 안아 하늘로 번쩍 던졌다 되받으며 말했다.

"잘 놀았어, 리차드? 엄마 말 잘 듣고?"

"응, 아빠! 엄마 좀 야단쳐줘! 엄마가 '이놈'했어?"

"그래, 왜 엄마가 혼을 냈을까?"

"글쎄, 콜라를 두 병이나 마셨는데 또 사달라고 하잖아요."

"그랬구나! 그럼 안돼요. 엄마가 '이놈'해요! 콜라는 가끔 한 번씩 먹는 거야! 날마다 먹으면 이가 '아야!'해요!"

쇼가 이빨을 가리키며 리키에게 설명하는 사이, 아내 주아니타가 대답하며 쇼의 볼에 가볍게 키스를 한다.

"밀라니도 잘 있었어? 뽀뽀! 이리와 봐!"

쇼는 아내의 가슴에 안겨 있던 딸 밀라니를 넘겨받아 살짝 키스를 하면서 말을 잇는다.

"여보, 내일 야구장에 가자! 뉴욕자이언트와 LA다저스가 맞붙는데."

"에이, 그거 어디가 이길지 뻔하네요. 뭐? 난 안 갈래요? 애들 건사하느라 힘들어서 야구가 별로 재미있지도 않고요."

"여보, 그게 아니야! 난 원래 뉴욕자이언트 팬이었는데 응원하고 싶은 팀이 하나 더 생겼어! LA다저스야."

"당신이 어쩐 일로 LA다저스를 좋아하게 됐어요? 전에는 관심도 없었잖아요?"

"그게 말이야! LA다저스 단장 브랜치가 흑인선수 재키 로빈슨을 4번 타자로 세워 승승장구하고 있잖아. 난 내일 뉴욕 자이언트가 이기든 LA 다저스가 이기든 상관없지만 재키 로빈슨이 너무 보고 싶어요. 여보! 같이 가자, 응!"

1950년 6월 24일. 저녁 6시. 팡파르가 울리고 뉴욕자이언트 홈구장에서는 LA다저스와의 경기를 보려고 암표상까지 등장하며 만원사례를 이루었다. 1회 말까지 각 팀의 공격은 3자 범퇴로 끝났다. 2회초 LA다저스의 공격이 시작되고 있었다. 4번 타자 재키 로빈슨이 타격에 들어섰다.

"재키, 사탕수수밭에나 가라!"

"발목에 쇠사슬은 왜 풀어준 거야! 그건 링컨의 실수였어!"

"로빈슨 크루소! 아직도 LA다저스는 표류하고 있다."

여기저기 로빈슨을 비하하는 피켓이 우후죽순처럼 올라왔다.

"우, 우, 우……."

관중들은 야유했다.

딸아이 밀라니는 관중들의 시끄러운 소리에 울음을 터뜨렸다.

"여보, 애 좀 받아 봐요! 힘들어 죽겠단 말이에요?"

주아니타가 피곤한 기색을 보이며 딸아이 밀라니를 쇼에게 들이밀었다.

"뭐라고? 잘 안 들려! 잠깐만 기다려봐! 저거 4번 타자 한 사람 치는 것만 보고……."

쇼는 들은 체도 않고 야구장을 주시했다. 투 쓰리 볼카운트였다. 재키 로빈슨은 갖가지 투구로 타자를 공략해오는 13구째 투수의 공을 파울성 타구로 걷어내고 있었다. 딱! 경쾌한 소리가 들리고 타구는 3루 쪽 펜스를 훨씬 넘어 관중석 상단에 꽂혔다.

"와우! 브라보! 브라보!"

쇼는 딸아이가 우는 것도 모르는 채 열광했다.

재키 로빈슨이 3루를 돌아 홈을 밟는 순간 라디오에서 중계되는 장내 방송이 들렸다. 그리고 스코어보드에는 아시아의 나라 코리아에서 전쟁이 났다는 자막이 떴다.

"이게 무슨 말이야. 여보!"

쇼가 아내 주아니타를 보며 물었다?

"글쎄요. 저도 무슨 말인지 잘 모르겠어요?"

"여보, 일어서요. 얼른 집에 가자!"

쇼우는 주섬주섬 가져온 물건을 챙기고 큰아들 스티븐 쇼의 손을 잡과 둘째 아들 리차드 쇼를 가슴에 안으며 말했다.

"아니 왜요!"

아내 주아니타가 눈이 휘둥그레지며 물었다.

"코리아에서 전쟁이 났다고 하잖아. 내가 이럴 때가 아니지? 어서 집에 가자 여보!"

쇼의 가슴은 방망이질을 치는 듯 두근거렸다.

"아니, 코리아에서 전쟁이 나면 난 거지 우리가 왜 집에를 가요? 야구 구경하러 와서요."

아내는 이해할 수가 없었다.

"야구가 끝나면 집에 가서 TV 뉴스로 소식을 들어도 되잖아요. 당신이 하도 재키 로빈슨을 두둔해서 LA다저스가 조금 좋아지려는 참인데……."

"아니야 여보, 지금 내가 한가하게 앉아서 야구나 보고 있을 수가 없어요. 내가 태어난 조국에서 전쟁이 일어났다고 하잖아."

쇼는 심각했다. 거의 정신이 나간 사람처럼 몽롱해보였다. 그런 쇼의 창백한 얼굴을 본 아내 주아니타는 하는 수 없이 젖먹이 딸아이를 들쳐 업고 그의 팔을 끌어당기며 말했다.

"네. 알았어요. 여보, 집으로 가요. 그럼."

집으로 돌아온 쇼는 잠을 이룰 수가 없었다. 내일 어떻게 처신해야 할까? 그는 깊이 고민했다. 일요일 오전 내내 침대에서 골몰하던 쇼는 저녁때가 되자 친구 도널드 리건에게 전화를 걸었다.

"야, 리건! 맥주 한 잔 하자! 지금 나올 수 있냐?"

"하하하, 그거 봐! 너 LA다저스가 져서 속이 아파서 그러는구나! 야 인마. 흑인 한 명 투입했다고 뉴욕자이언트를 이길 수는 없지. 그래, 네가 속이 아파서 맥주 한 잔 사달라면 사주마! 그래, 어디서 만날까?"

"응, 캠브리지 32번가 보들레르 레스토랑으로 나와! 지금이 5시니까 5시 30분까지 나와!"

"그래 알았어. 한 30분 걸릴 거야!"

통화를 끝낸 쇼는 아내를 불렀다.

"여보, 나 좀 나갔다 올게."

"주일인데 어디를 나가려고 해요. 나도 힘이 든단 말이에요. 아이들도 봐주고 청소도 좀 도와줘요. 난 무쇠팔인줄 알아요?"

"그래그래, 알았어요. 미안해요 나 좀 나갔다 올게. 미안해."

쇼는 말리는 주아니타에게 억지로 키스를 하고 집을 나왔다.

평소 걸음이 늦던 쇼는 자신도 모르게 거의 뛰다시피 걷고 있었다.

캠브리지 32번가는 대학가이다. 늘 학생들의 데이트와 미팅장소로 붐빈다. 보들레르 레스토랑으로 가니 집에서 나온 지 10분이 채 되지 않는다. 평소에는 도보로 20분쯤 걸리는 거리인데 쇼가 자신도 모르게 빨리 걸어왔기 때문이다. 그런데 반해 로널드 리건이 사는 집은 버스로 20분 이상 거리는 거리에 위치해 있다. 버스를 잡거나 조금 꾸물거리다가는 40분 이상 걸리기 십상이다. 일찍 약속 장소에 도착한 쇼는 자꾸만 손목시계와 창밖을 번갈아가며 쳐다보고 있다. 약속한 시간 30분이 넘었다. 쇼는 '일어섰다 앉았다'를 반복한다. 그래도 리건은 보이지 않는다. 40분이 지나자 화가 치밀어 오른다.

"짜식! 늘 늦는단 말이야! 오기만 해라. 벌주 석 잔이다!"

혼잣말을 하고 또다시 밖을 내다보았지만 문이 열릴 때마다 리건의 모습이 아니다. 50분이 지났다. 그런데도 리건은 보이지 않는다.

"내가 이런 걸 친구로 두고 있다니……."

쇼는 자신에다 대고 공연히 생트집이다.

문이 열리고 리건의 모습이 보인다. 리건은 '쇼가 LA다저스를 응원하다 져서 시무룩해져 맥주를 마시자 했을 것'이라 판단해서인지 얼굴에 만면의 웃음을 띠며 손을 들고 들어온다. 쇼는 리건을 못 본 척하며 맥주를 한 잔 들이켰다. 그런 쇼의 앞에 리건이 앉으며 말을 건넸다.

"야, 응원하는 야구팀이 졌다고 휴일인데 불러내서 맥주 사달라는 놈은 처음 보겠다. 아무튼 나도 심심했던 참인데, 마시자. 마셔! 자. 건배!"

"너나 혼자 마셔 인마! 나 지금 건배할 기분이 아니거든."

"왜? 야구에 진 게 그렇게 약 오르냐? 참, 코리아에서 전쟁이 났다더라. 너 거기서 태어났다며? 아하, 그래서 네가 속이 좀 상했구나! 그래 내가 위로주 한 잔 사줄게. 마셔라. 마셔. 원래 전쟁도 하고 그래야 무기도 팔고 경기도 살아나고 그러는 거야 인마."

"……."

"짜식, 말도 안하고 술만 마시고 있네! 너 혼자 벌써 세 잔째야. 집에서 쉬고 있는 친구를 불러냈으면 기쁘게는 못해줄 망정 말을 해야 할 것 아니야!"

"야, 리키야! 나 어떻게 할까? 나 코리아전쟁에 참전할까?"

"뭐야? 너 미쳤어! 그런 말 하려면 나 집에 갈 거야. 인마! 이거 순 미친 놈 아니야. 전쟁에 재미가 들렸거나? 너는 이미 1차 세계 대전에 가서 죽을 뻔 했잖아. 노르망디 작전에 갔다가 죽을 뻔하고 살아서 돌아왔다면서! 네 나이가 몇 살인 줄 알아? 스물아홉 살이야 인마, 넌 처자식이 넷이나 있는 몸이야. 그리고 너 같은 늙은 군인은 필요가 없대 임마! 너 지금 나를 두고 장난하냐? 정신 차리고 박사과정이나 마쳐! 얼른 돈 벌어야 아이들 교육시키고 아내 수고도 덜어줄 거 아니야?"

"그건 그렇지만……."

더 이상 이야기가 진전되지 않았다. 쇼는 맥주 값을 지불하고 혼자 카페에서 나와 무작정 거리를 걸었다. 리건이 부르는 모습은 들리지 않았다. 포탄이 날고 총알이 날아가고 있는 코리아의 전쟁 모습만 눈에 선했다. 가슴이 터질 듯 했다. 마구 소리를 질렀다. 어떻게 해서 집으로 들어갔는지 자신도 몰랐다.

*

그리고 여름방학이 되었다. 쇼는 7월 한 달 내내 방에서 뒹굴었다. 수염도 깎지 않고 누구를 만나러 나가지도 않았다. 가끔 책을 들여다보는가 싶다가도 대낮에도 커튼을 친 채 불을 끄고 누워있었고, 밤이면 일어나 책상 앞에 앉아 고민했다. 아버지가 집으로 찾아왔으나 인생에 대한 심오한 사고를 하느라 그렇다며 아버지까지 돌려보냈다. 아내의 수고는 수포로 돌아갔다. 거의 금식을 한 채 기도에 매달렸다. '참전할 것인가, 말 것인가'에 대하여 끙끙 앓고 있는 중이었다. 부모님과 아내에게 말을 하자니 난리가 날 것 같았다. 그러다가 혈기 왕성한 나이에 '공산군에게 낙동강까지 밀려 적화가 코앞에 있다'는 뉴스를 접했을 때 가슴은 요동쳤다. 신문과 방송에서는 연일 코리아전쟁에 참전할 병사를 뽑는다는 모병 기사가 올라왔다.

갑자기 담당 교수님이 만나고 싶어졌다. 전화를 집어 들었다.

"프랭크 교수님! 저 윌리엄 해밀턴 쇼입니다."

"누구, 아……, 쇼 군! 자네가 어쩐 일인가? 방학 중인데……."

"긴히 상의드릴 말씀이 있습니다."

"왜 공부가 잘 안 되나? 취직 문제라든지 자네의 장래에 관한 문제라면 만나지 마세. 스스로 결정해야 하는 거야."

"아닙니다. 교수님, 아주 급한 일입니다."

"급한 일이라니? 방학 중에 급한 일이 무엇이 있겠나? 나도 방학 중에 하던 연구가 있으니 시간이 많이 부족해! 이번 방학에는 아무도 안 만나겠네. 개학하면 만나세. 이만 전화를 끊음세."

"교수님! 교수님! 뚜뚜뚜……."

너무 화가 난 쇼는 수화기를 내던졌다. 수화기의 줄이 끊어져 저만치 날아갔다.

쇼는 주섬주섬 옷을 챙겨 입었다. 평소에는 수염이 그리 많지 않았던 쇼였다. 그렇지만 한 달 여 동안 칩거를 했으니 그 모습은 가히 가관이 아니었다. 수염을 깎지 않은 덥수룩한 모습이었고 머리도 감지 않아 그야말로 노숙자의 형상이었다. 게다가 얼굴까지 긴 모습이니 마치 예수의 형상과 같기도 했다. 그는 교수님의 연구실로 찾아갔다. 세계적인 철학자요, 석학으로 알려진 아놀드 프랭크 박사가 그의 담당 교수였다.

"교수님, 안에 계시지요?"

쇼가 여직원에게 물었다. 여직원은 쇼의 기이한 모습에 움찔했다.

"아무도 들여보내지 말라고 하셨습니다."

여직원의 말을 못들은 척 쇼는 뚜벅뚜벅 교수실을 향해 걸어갔다. 그리곤 문을 열었다.

"프랭크 교수님, 해밀턴 쇼입니다."

"아니, 자네!"

프랭크 교수는 자신의 눈을 의심했다. 그 명석하고 명랑하던 천재 학생 쇼가 노숙자가 되어 나타난 것이다.

"아니, 자네! 쇼 군! 무슨 일이 있나? 이리로 와서 앉게!"

그럼에도 쇼는 여전히 목석처럼 서 있다. 프랭크 교수는 인터폰을 눌러 커피를 가져오라 했다. 여직원이 커피를 가져다 놓고 나간 뒤 쇼는 펄썩하고 바닥에 무릎을 꿇으며 주저앉았다. 커피 따위는 안중에도 없었다.

"교수님! 저 어떻게 해야 하지요?"

쇼는 눈물을 흘렸다.

"아니, 쇼 군! 왜 이러나? 무슨 일이 있나? 이러지 말고 어서 일어나 이리로 앉게."

프랭크 교수가 쇼의 팔을 부축해 일으키며 물었다.

"교수님은 저에 대하여 잘 모르시겠지만 저는 아시아의 작은 나라 코리아에서 태어났습니다. 그곳의 평양에서 태어나 황남초등학교와 평양고등보통학교를 나왔습니다. 그리고 미국으로 건너와 웨슬리언대학교를 나왔지요. 그래서 저의 조국은 둘입니다. 하나는 한국이고 하나는 미국이지요. 저의 고향, 저의 조국이 공산주의자들에 의해 적화되었습니다. 미국과 소련이 회담을 잘못하여 한 민족을 둘로 갈라놓은 것이지요. 저는 그런 미국에 대하여 몹시 못마땅하게 생각하고 있었습니다. 그런데 노우스 코리아인 공산주의국가가 자유민주주의 국가인 사우스 코리아마저 공산화시키려고 전쟁을 일으켰습니다. 아무리 미국 국적이라 할지라도 저의 조국에서 일어나는 일을 가만히 강 건너 불처럼 구경만 하며 보고 있을 수는 없습니다. 그런데 내 주변의 부모님과 아내와 친구들은 모두 제가 참전하겠다는 생각을 말했을 때 미쳤다고 말합니다. 조국이 멸망하고 있는데 나의 안위를 위해 가만히 있으면, 그래서 조국이 적화되어 공산주의자들인 소련이나 중국공산당의 손에 넘어간다면 저는 비겁한 사람이 될 것입니다. 어떻게 해야 좋습니까? 교수님!"

쇼는 프랭크 교수 앞에서 거의 울부짖었다. 눈물 콧물이 범벅되었다. 프랭크 교수도 함께 울었다. 프랭크 교수는 눈물을 닦으며 쇼에게 말했다.

"그래, 자네의 말이 맞네. 우리가 공부하는 것은 정의를 위해서야. 인류의 정의를 위해서 공부를 하는 것이네. 자네가 심판하게. 자네가 가서 공산주의자들의 최후가 어떻게 된다는 것을 심판해주게. 공산주의자들, 학살자들, 게시타포 같은 사람들, 일본군 같은 못된 자들의 총칼 앞에서 선량한 시민을 구해주게. 내 오른 팔 같은 자네가 혹시 전장에서 죽는다고 해도 나는 슬퍼하지 않겠네. 그리고 자네의 거룩한 판단에 경의를 표하네. 미국이라는 나라는 한 사람의 나라가 아니야. 코리아 민족들도 수백만이 와서 살고 있는 나라야. 미국은 세계의 평화를 위해서 존재하여야 하네. 그것이 가정이 있다거나, 박사과정에 있거나, 군대에 갔다 왔다고 해서 걸림돌이 될 수는 없네. 마음 같아선 조금만 더 젊었어도 나도 자네의 조국 코리아를 위하여 참전하고 싶네. 내가 뉴욕타임스에 '젊은이들이여! 코리아의 자유를 지키자.'라고 기고하겠네. 그리고 자네의 결정에 대하여서도 언급하겠네. 난 우리 미국의 젊은이들이 미국뿐만 아니라 세계의 평화를 위해서 목숨을 걸어야 한다고 생각해왔네. 자, 전장으로 나가시게. 자유의 이름으로 공산주의자들을 심판해주게. 미국 젊은이의 기개를 보여주게. 나는 자네에게 감사하네."

"알겠습니다. 교수님, 제가 올바른 판단을 할 수 있도록 조언해주셔서 정말 고맙습니다."

쇼는 또다시 눈물이 났다. 그러나 부모님과 아내를 어떻게 설득해야 할런지 고민스러웠다. 그냥 자신의 생각을 믿어주지 않으면 무조건 입대해서 전장으로 떠날 생각이었다.

쇼가 프랭크 교수를 만나고 집으로 돌아왔을 때 아내 주아니타는 이미 결정하고 돌아왔을 그의 생각에 동조했다.

"여보. 나는 당신이 판단을 믿어요. 당신은 세 아이에게 부끄럽지 않은 아빠가 될 거에요. 사랑해요. 여보!"

쇼는 자신의 판단에 힘을 실어준 아내 주아니타에게 감사했다. 그리고 꼭 안아주었다.

그러나 부모님은 완고했다.

쇼는 부모님께 "한국인들은 자유를 지키려고 분투하고 있는데 이를 도우려 흔쾌히 가지 않고 전쟁이 끝난 뒤 돌아가려는 것은 양심이 허락하지 않는다"는 내용의 편지를 남기고 입대했다.

그가 떠나자 아버지 윌리엄 목사는 온 가족들을 모아놓고 그의 아내 주아니타의 손을 잡고 기도했다. 모두들 눈을 감고 기도를 올렸다.

"사랑이 많으신 우리 주 예수 아버지 하나님! 우리 주 그리스도의 아들이자 미합중국의 아들, 그리고 자유민주주의의 아들 쇼가 코리아전장으로 떠난다고 합니다. 아버지 하나님께서 우리의 아들 쇼를 굽어 살피사 그가 옮기는 발걸음과 머리와 가슴과 손발과 그의 모든 것을 주관해주실 것을 믿사옵니다. 이 모든 것은 아버지 하나님, 주님의 뜻인 줄 알고 주님의 뜻대로 행하는 쇼에게 축복을 내려주시옵소서! 그가 걷거나 잠자거나 먹거나 굶을지라도 모든 것을 아버지 하나님께서 주관하시고 굽어 살펴 주시옵소서! 이 땅에서 공산주의가 발붙일 곳이 없도록 심판하여 주시옵소서! 그리하여 마침내 민주주의가 승리하도록 역사하여 주시옵소서! 중국 공산주의와 소비에트연방 공산주의의 틈바구니에서 코리아가 살아남을 수 있도록 도와주시옵소서! 코리아가 승리하여 자유민주주의 힘으로 마침내 소련과 중국의 공산주의가 몰락하고 자유민주주의를 택할 수 있도록 이 젊은이에게 삼손과 같은 힘을 주시옵소서! 솔로몬과 같은 지혜를 주시옵소서! 그가 가는 곳마다 승리의 깃발을 꽂을 수 있게 도와주시옵소서! 그가 전장에 나가 적을 대할 때 사탄을 물리치는 것과 같이 담대하여 거침이 없도록 힘을 주시옵소서! 2,000년 만에 가나안 땅을 되찾아 행복해진 이스라엘 민족과 같이 5,000년 역사의 코리아 민족들이 전통과 행복을 지킬 수 있도록 용기를 주시옵소서! 이 모든 말씀 주 예수 그리스도의 이름을 받들어 기도드렸사옵나이다. 아멘."

아버지 윌리엄 목사의 기도가 끝났을 때 아무도 울거나 쇼의 결정에 대하여 가타부타를 말하는 사람은 없었다. 아내 주아니타도 그녀의 등에 업힌 밀라니까지도 전장으로 떠난 아빠의 거룩한 뜻을 이해하는지 울지 않았다.

*

1950년 8월 16일. 쇼는 노르망디 작전에 참여했던 경험을 살려 해군으로 재 입대할 것을 결심하고 해군본부로 찾아가 모병지원과에 들러 입대지원서를 제출했다. 그러나 예상했던 것과는 달리 그의 입대지원서는 반려되었다. 29세라는 적지 않은 그의 나이와 한 번 전역한 경험을 가지고 있는 그에 이력이 전례 없던 일이라 재입대는 안 된 다는 것이 이유였다. 화가 난 그는 해군참모장을 만날 참이었다. 그래서 해군본부 내에 있는 해군참모장 방으로 가기 위해 비서실에 들렀다가 제지를 당했다. 그는 큰 소리로 분노하며 소리쳤다.

"지금 자유민주주의가 망하고 있는 시점이요! 내가 군에 갔다 왔건 안 갔다 왔건, 나이가 많건 적건 그것이 무슨 상관이오! 나는 코리아에서 태어났고 그곳에서 자랐단 말이오! 지금 그 코리아의 앞날이 경각에 달렸단 말이오!"

그가 크게 분노하며 열변을 토할 때쯤 해군참모장의 방이 열리고 모자에 별이 두 개가 달린 참모장이 나왔다.

"무슨 일이오!"

참모장이 물었다.

"네, 참모장님! 저는 2차 세계대전 당시 노르망디 작전에서 전과를 세워 무공훈장을 받은 예비역 중위 윌리엄 해밀턴 쇼입니다. 저희 아버지는 코리아의 선교사로 저는 코리아에서 태어나 고등학교까지 코리아에서 마치고 미국으로 건너왔습니다. 그런데 그곳에서 전쟁이 났습니다. 그것도 지금 부산을 제외한 거의 모든 땅이 침략자들에게 밀려서 공산화되고 있습니다. 그래서 저는 전장에 나가려고 합니다."

"그래요? 이 말이 사실인가요?"

"네. 사실입니다."

"어이, 이 사람이 제출한 입대지원서 좀 가져와봐!"

참모장은 이리저리 서류를 훑어보더니 쇼에게 물었다.

"어이, 쇼 중위! 무슨 증거물 같은 게 있나요?"

"네, 여기 가지고 왔습니다."

그는 노르망디 작전 성공으로 받은 무공훈장과 그가 모시던 아이젠하워장군과 찍은 사진 등 여러 가지 자료를 제시했다.

"빨리 입대시켜요. 이런 전문가가 우리가 찾던 사람이란 말이오!"

참모장은 머리끝까지 화를 내며 모병담당 장교를 윽박질렀다.

8월 23일. 1주일 동안의 신체검사와 부대배치를 끝내고 그는 특별비행기 편으로 일본 오키나와로 이동했다. 그곳에서 미 7함대가 코리아 상륙작전을 준비하고 있었기 때문이었다. 미 7함대의 위용은 대단했다. 쇼는 노르망디 작전 때 타고 작전을 수행했던 배였지만 그 위용에 또다시 놀랐다.

*

"충성! 윌리엄 해밀턴 쇼 중위입니다."

"잘 오셨네! 기다리고 있었네. 중위! 어이, 윌리엄 중위가 도착했으니 서둘러 작전회의를 하세. 모든 지휘관들은 작전벙커로 들어오라고 해!"

맥아더 사령관은 노르망디 작전에 큰 공을 세운 쇼 중위의 참전 소식에 내심 흥분이 되어 희색을 띄고 있었다.

며칠 째 수뇌부들이 참여한 작전회의는 난상토론이 거듭되었다. 맥아더는 이제 결정을 내릴 시기가 왔다고 판단했다. 회의를 주제한 맥아더는 각 부대 지휘관들에게 또다시 의견을 물었다.

"원산 쪽에 항구시설이 좋으니 항공모함을 그곳에 대고 진격해서 북한 전역을 먼저 접수해야 합니다."

"제 의견은 다릅니다. 해주항에서 옹진반도로 상륙해서 평양을 집적 공략해야 합니다."

"아닙니다. 해주항에서 평양을 공격하려면 시간이 많이 걸립니다. 그러니 평양 근처인 남포항에 배를 대고 평양을 집적 공략해야 효과적인 공격으로 적에게 치명적인 상처를 줄 수 있습니다."

"서울은 인천항과 가깝습니다. 인천으로 상륙해서 서울을 탈환하고 교두보를 마련해서 북진통일의 발판으로 삼아야 합니다."

"무슨 말씀입니까? 지금 부산 함락이 경각에 달렸습니다. 우선 우리의 모든 화력을 부산에 집중해서 적을 막아내고 서울로 진격해야 합니다. 따라서 부산으로 상륙하는 방법이 최선의 방법입니다."

어릴 적부터 평양과 서울을 오가던 쇼였다. 서울을 탈환하고 침략자들의 보급로를 차단해야만 승산이 있다는 것이 쇼의 생각이었다. 그러나 말단 중위가 장성들이 하고 있는 작전회의에 참여해서 발언한다는 것은 쉽지 않은 일이었다. 난상토론에도 의견이 모아지지 않자 맥아더 사령관은 쇼 중위를 불러들였다. 노르망디 상륙작전에 성공한 경험이 있는데다가 코리아에서 자란 쇼의 생각을 들어보고 싶었던 것이다.

"제 생각엔 인천을 치고 올라가야 한다고 생각합니다. 그래야만 수도 서울을 탈환할 수 있고 충청도와 전라도, 경상도까지 내려간 괴뢰군들을 무찌를 수 있습니다. 따라서 우리 해군의 화력을 모두 동원해서 인천을 초토화시키고 해병대를 포함한 지상군을 진격시켜 서울부터 탈환해야 합니다."

"그게 좋겠소! 우린 인천으로 상륙합니다."

맥아더는 상륙작전을 위해 지난 며칠 동안 고심을 했던 일이 풀렸다는 듯 무릎을 쳤다. 작전회의를 거듭했지만 결정을 내리지 못했던 결정이었다. 그러나 쇼 중위의 말을 듣자마자 그런 일이 있었느냐는 듯 일언지하에 결정해버렸다.

코리아 전쟁에 참전하려는 UN 산하 우방국들이 속속 입국했다. 의료지원단을 보내는 나라도 있었다.

미 극동군사령관 겸 UN군총사령관 더글라스 맥아더 대장은 인천상륙작전에 더 이상 지체할 시간이 없다고 판단했다. 하지만 미국 합동최고참모본부와 미국 해군본부는 '인천항에 이르는 좁은 단일 수로였기 때문에 함정이 불가능하다는 이유와 북한군이 상륙에 대비하여 지뢰를 매설해놓았을 경우 많은 피해가 예상된다는 것, 병력, 탄약, 보급품 등에 운송이 어려워 작전에 실패한다면 전쟁은 패배한 것이나 마찬가지다'라는 이유를 들어 인천상륙작전 계획에 대하여 반대했다. 이에 그들은 대안으로 전라북도 군산이나 충청도 아산만 포승면 일대를 상륙지점으로 변경할 것을 주장하였다. 그러나 맥아더 장군은 '적은 후방을 무시하고 있다. 또한 병참선이 과도하게 신장되어 있으므로 서울에서 신속하게 이를 신속히 차단할 수 있다. 북한군 전투부대는 사실상 낙동강 일대의 제8군 정면에 투입돼 훈련된 예비병력 마저 없고 작전이 성공한다면 전세를 회복할 능력이 없다. 이것이야 말로 적으로부터 주도권을 빼앗을 유일한 희망이며 결정타를 입힐 수 있는 기회다'라며 주장을 굽히지 않았고 마침내 맥아더의 주장은 관철되었다. 맥아더의 그러한 결정에는 쇼 중위의 조언이 일조했던 것이다. 미 해군 제7합동기동대 사령관 아서 듀이 스트러블 제독도 이에 동조했다. 인천상륙작전이 미국합동참모본부와 미국 해군본부에서 최종 승인을 받자 맥아더 사령관은 한국정부에게 대한민국 육군과 해병대의 참여를 요청해 왔다. 이에 이승만 대통령은 백선엽 장군의 동생인 백인협 대령을 추천했다. 백인협 대령은 1950년 8월 제17연대장에서 수도사단장으로 승진했던 사람이었다. 그는 인천상륙작전에 참여하기 위해 스스로 사단장직을 사임하고 제15연대를 지휘했다.

인천상륙작전에 앞선 한 달 간은 첩보수집의 기간이었다. 미국 해군 첩보수집 특공대 조장 임병래 중위는 상륙작전에 앞서 인천상륙작전이 성공할 수 있도록 북괴군의 군사기밀을 탐지해와 혁혁한 공을 세운다. 그러나 인천상륙작전이 개시되기 하루 전인 9월 14일 특공대를 도피시킨 그는 적에게 생포될 경우 고문에 의해 작전 정보가 유출될 것을 염려해 자결하고 말았다. 대한민국 해군참모총장 손원일 제독은 대한민국해군 함정 15척을 이끌며 인천상륙작전에 참가했다. 대한민국 해병대 사령관 신현준 대령은 대한민국 해병대 제1연대를 이끌고 참가했다. 미 육군 제10군단 군단장 에드워드 알몬드 중장은 미국해병대 제1사단과 미국 보병 제7사단을 이끌고 참가했다. 미국해병대 제1사단 올리버 스미스 소장은 선봉부대로 참가했다. 미 육군 제8군단장 해리스 월턴 월커 중장은 낙

동강 전선 미국 총사령관으로서 인천상륙작전 시행 후 총반격을 감행하는 의무책임자로 선정되었다.

드디어 9월 15일 인천상륙작전이 개시되었다. 미7함대와 대한민국 해군에서 쏘아대는 포탄이 빗발치듯 인천항구로 날아들었다. 이틀 동안 밤낮으로 퍼부었다. 엄청난 화력에 적들은 혼비백산했다. 지상군이 투입되었다. 인천상륙작전은 대성공이었다.

지상군들은 물밀듯 서울을 향해 진격했다. 그도 역시 지상군에 자원했다. 그의 부대는 김포반도로 진격하여 큰 전과를 이루었다. 9월 21일 새벽 아직 어둠이 가시지 않은 야음에 진군나팔 소리가 힘차게 들렸다. 진격명령이 떨어진 것이다. 쇼가 소속된 미 해병7사단 해병 7연대는 행주산성으로 진격하라는 것이었다. 사실 기상이라기보다 야전에서 잠시 눈을 붙인 것이 잠의 다였다. 9월 중순, 서울의 새벽 기온은 살을 에는 듯 매서웠다. 낮에는 땀 흘리며 적군과 싸워야 했고 밤에는 추위와 싸워야 했다. 대부분의 병사들은 여름에 보급된 옷을 입고 있고 아직 야전점퍼 같은 것은 보급되지 않았다. 전장으로 보급되는 식량은 건빵과 비닐봉투에 든 밥인 전투식량이 다였다. 김포반도 전투에서 승리한 쇼의 부대원들은 김포평야를 지나와 행주산성으로 향했다. 신발과 전갱이에 묻은 진흙은 그들의 노고를 말해주고 있었다. M1소총은 무거웠다. 게다가 수류탄 몇 발, 탄알이 장전된 탄창 10개와 완전군장을 메고 진격한다는 일은 아무리 장정들이라도 버거운 짐이었다. 통일화 끈이 끊어진 사람, 총탄을 맞아 철모가 뚫어진 사람, 모포에 총알을 맞아 모포가 누더기가 된 사람도 있었다. 온 몸은 땀 냄새로 진동했으며 위장크림이 땀범벅으로 지워져 얼굴은 누가 누구인지를 알아보기 어려웠다. 그래도 건빵과 전투식량을 먹는 병사들의 입에서는 행복감이 묻어났다.

행주산성을 향하여 진군 나팔소리가 울렸다. 여기저기에서 총알이 사선을 그으며 날아오고 날아갔다. 하늘은 포연으로 뿌옇다. 후방에서는 계속해서 곡사포를 쏘아주고 있고 B29폭격기가 쉴 새 없이 북녘을 향해 굉음을 내뿜으며 날고 있다. 마침내 행주산성을 아군의 손아귀에 넣게 되었다.

쇼의 직책은 작전참모였다. 한국해병대와 미국해병대과 미육군 등 연합군의 병사들의 눈과 귀는 그에게 쏠려있었다. 그렇기에 그는 시시때때로 지도를 펴놓고 진로를 결정해야 했다. 나침반은 그의 오른 손과 같았다. 적군들은 산속으로 숨어들었는지 퇴각했는지 모르지만 매우 조용했다.

"선두 제자리! 십분 간 휴식!"

오랜 행군으로 지친 병사들에게 휴식 명령이 떨어졌다. 새벽부터 진격해 벌써 경계를 주시하며 진군해온지 벌써 다섯 시간째였다. 작전참모인 쇼의 제안에 따른 휴식이었다.

"이 산은 수색산입니다. 한국해병대과 미국1사단은 17연대는 수색산을 지나 비단산, 봉산, 앵봉산으로 진격합니다. 그리고 이 산은 안산입니다. 안산은 성산 104고지를 공격하고 있는 한국해병대와 미 해병대 제5연대가 추후에 진격하기로 했습니다. 불광리 근처에 있는 이 산은 북한산자락이고, 그 앞에 있는 산이 신촌 노고산입니다. 이 노고산과 인왕산 자락인 녹번리 산1번지가 우리 부대가 공략해야 할 산입니다. 인왕산은 대부분 바위로 이루어진 산입니다. 따라서 산세가 험하고 골이 깊지 않아 적군들이 숨을만한 곳이 그렇게 많지 않습니다. 괴뢰군들은 대부분 퇴각했고 남은 괴뢰군들은 5,000에서 1만여 명으로 추산하고 있습니다. 따라서 우리는 신촌 노고산으로 진격합니다. 신촌리에 있는 노고산은 야산이지만 도처에 괴뢰군들이 숨어 있을 가능성이 많습니다. 노고산을 집중 공략해 신촌 대학가 일대를 탈환하고 녹번리로 진격해서 1번 국도인 불광리 길을 확보해야 합니다. 그래야만 북진통일의 교두보를 마련할 수 있습니다. 문산으로 이어지는 불광리 길 1번 국도를 탈환하지 못하면 서울에 남은 빨갱이들을 처단할 방법이 없습니다. 산골고개를 정점으로 도처에 숨어있는 괴뢰군들의 잔당을 뿌리째 뽑아내는 일이 우리의 임무입니다. 따라서 우리의 진격은 중대별 작전이 아니라 분대별 작전이 되어야 합니다. 한꺼번에 진격하다가는 적의 화기에 몰살당할 수도 있습니다. 불광리와 녹번리, 그리고 홍은리를 감싸고 수색할 수색조를 편성해야 합니다. 그리고 적이 매복해 있을만한 곳을 미리 찾아내고 의심되는 것이 있으면 후방의 곡사포 공격의 지원요청을 해야 합니다. 저는 정 중앙인 녹번리로 진격하겠습니다. 민가에도 적이 숨어있을 가능성이 많습니다. 시가전의 교전방법을 위한 특별교육을 시행한 후 작전을 수행해야 합니다."

쇼 중위는 녹번리 전투의 당위성과 전투방법에 대하여 열변을 토했다.

"쇼 중위의 말이 맞소! 그럼 대대별로 진영을 다시 편성하시오. 7~8명씩 짜여진 분대를 적극 활용하여 진격합시다. 분대별로 전열을 가다듬으라! 먼저 노고산 공략에 나선다! 노고산을 포위하라. 진격하라!"

미해병 7연대장 맥그리거 중령의 명령이 떨어졌다.

전열은 삼삼오오 나뉘어서 각자 그물망을 치듯 적들을 포위해나갔다. 노고산 전투는 효과적이었다. 7연대에 소속된 수천 여명의 병력들이 낮은 포복으로 약진에 약진을 거듭해나갔다. 적군이 비트를 파고 있을만한 곳은 모두 파헤쳐졌다. 나무들은 화염방사기를 통해 모조리 불살라졌다. 멀리서 보면 마치 불타고 있는 배처럼 보였다. 바위가 있는 곳이면 어김없이 수류탄이 투척되었고 곳곳에서 치열한 교전이 이루어졌다. 수적으로 열세에 있던 괴뢰군들이 비명을 지르며 죽어나왔다. 우려했던 백병전은 이루어지지 않았다. 아군 6명이 전사하고 적 200여명을 사살했으며 76명의 인민군이 투항해 포로가 되었다. 태극기와 성조기, 미 해병 7연대기가 노고산 정상에 꽂혔다. 전우들은 서로를 부둥켜안고 눈물을 흘렸다. 그리고 모두들 만세를 불렀다. 승전보는 미 해병대와 대한민국 국군 최고사령관에게 타전되었다. 승전보를 울리고 먹는 늦은 점심은 사상 최고의 만찬이었다. 눈물 젖은 빵을 먹는 미국 병사들의 눈에서 나온 푸른 눈물이 위장크림 위로 흘러 굳은 빵 위로 떨어졌다. 보리빵은 촉촉이 젖어들었다. 눈물 젖은 빵을 먹는 병사들의 입가에는 행복감이 넘쳐흘렀다.

한편 UN군 정보처에는 서울 서방측을 방어하는 북괴군 25여단 독립 78연대 소속 병력들은 4,000여명이 된다는 첩보가 알려졌다. 그에 소속된 장교 및 준사관들은 대부분 중공군에서 복무했던 정예화된 전투경험자들이라는 것이다. 아군은 한국해병대 제1대대를 중앙에, 미 해병대 제5연대 제1대대를 좌측에, 제3대대를 우측에 배치하여 서울 서부지역을 병진 공격하고 있었다. 그러던 중 9월 21일. 한국 해병대 제1대대 제3중대는 과감한 공격을 감행했다. 치열한 백병전 끝에 같은 날 오후 6시 30분에 104고지를 완전히 점령했다. 3일 동안 주야간의 끝없이 벌어졌던 혈전은 1개 중대 대원 중 26명만이 생존하는 처절한 혈전에서 승리했던 것이다.

9월 22일. 포성이 멎은 백련산 자락에 앉아 건너편에 있는 녹번리의 산자락을 보니 쥐죽은 듯 고요했다. 아무 물체도 움직이지 않았다. 서울역에서 불광동으로 향하는 1번 국도의 도로는 개미새끼 하나 얼씬거리지 않았다. 평화가 찾아온 듯한 착각 속에 빠지게 했다.

김포반도와 행주산성, 연이어 노고산 전투에서 승리한 아군의 사기는 충천했다. 부대는 증산리와 응암리를 지나 백련산을 커다란 저항 없이 접수했다. 또다시 작전회의가 개최되었다. 작전참모인 쇼 중위는 녹번리 1번 국도 건너편에 있는 인왕산 자락을 바라보며 말했다. 제가 맡은 부대원들이 이곳을 진격하겠습니다. 연대장님은 후방에서 지원해주시고, 1대대와 3대대는 각각 불광지구와 홍은지구로 진격해주십시오.

쇼가 소속된 부대는 녹번리로 진격했다.

"쇼 중위님! 조심하십시오. 도처에 괴뢰군들이 매복해 있습니다. 후방 경계를 게을리 하면 안 되십니다. 위험합니다. 적들이 스스로 물러갈 때까지 조금 시간을 가지고 정찰하시는 것이 어떻겠습니까?"

"아니다. 개리 중사! 우리 고향땅 평양을 공산주의로 물들이고 낙동강까지 무참히 짓밟은 침략자들을 그냥 둬선 안 된다. 이참에 평양, 신의주까지 밀어붙여서 통일을 해야 한다. 샅샅이 수색하라! 한 놈도 남기지 말고 무조건 사살하라."

"지금 적의 동태가 여기저기에서 발견되고 있습니다. 진지에 있어야 합니다. 후방으로부터 곡사포의 사격을 지원받아서 우선 적을 퇴치해야 합니다."

"아니야, 그럴 시간이 없어! 개리 중사!"

적군들이 숨어있을 만한 전방을 향해 아군의 화기가 집중적으로 불을 뿜었다. 적들의 동태는 보이지 않았다. 미동도 없었다. 향도를 기점으로 선발대가 도로를 건너고 쇼 중위도 뒤를 따라 도로를 건너던 중이었다. 순간 괴뢰군의 소총 소리와 기관총 소리가 정적을 깨며 메아리쳤다.

피융, 피융! 다다다다다…….

어디선가 콩 볶는 듯한 총소리가 나고 기관총의 총알이 수없이 날아들었다. 순간 쿵하는 소리가 들렸다. 후방 민가에 숨어있던 괴뢰군 병사가 기관총을 난사했던 것이다.

"윽!"

"쇼 중위님이 총에 맞았다."

한 병사가 소리쳤다.

"쇼 중위님! 쇼 중위님! 정신을 차리십시오. 돌아가시면 안 됩니다. 의무병! 어디 있나? 의무병! 빨리 응급조치를 취하라! 복부에서 피가 흐르고 있다! 해밀턴 쇼 중위님이 총에 맞았다. 가슴을 관통했다. 빨리 지혈하라. 지혈해야 한다. 피가 너무 많이 흐르고 있다. 들것이 어디 있나? 빨리 들것을 가져와라! 빨리 후송하라!"

쇼의 눈에는 하나님이 보였다. 아주 인자하신 얼굴이었다.

"윌리엄 쇼, 정말 잘했다. 너의 결정은 곧 나의 결정이었다. 그것은 내가 바라던 바였나니 너는 곧 나의 아들이니라. 이제 너는 내 곁에서 영생할지어다."

꿈속을 걷는 것 같은 기분이었다. 마치 뒷동산에 올라온 듯 했다. 아주 오랫동안 걸어온 길을 걸어가는 듯 했다. 어릴 적 함께 놀던 영철이와 수남이의 얼굴이 보였다. 아버지께서 목회를 하시던 언덕 위의 교회도 보였다. 대동강도 보이고 평양고등보통학교의 교정도 보였다. 지그시 눈을 감은 그의 입가에는 행복감이 묻어났다.

곧 쇼 중위는 숨을 거두었다. 대원들은 분노했다. 발사 지점을 향해 모든 화력을 쏟아 부었다. 대응이 없어 수색한 결과 두 명의 괴뢰군 병사의 시체가 발견되었고 소련제 기관총 1문과 AK소총 1정이 발견되었다.

*

"지금부터 6.25한국전쟁 60주년 기념 은평평화공원 준공식을 시작하겠습니다."

용모가 훤칠한 사람들과 몇몇의 이방인들이 흰 목장갑을 낀 채 가위로 오색 테이프를 끊었다.

"다음은 한국 이름 서위렴, 미국이름 윌리엄 해밀턴 쇼 대위의 동상 제막식이 거행되겠습니다. 해밀턴 대위의 가족이신 큰며느리 캐롤 캐머런 쇼님, 둘째 아들인 스테판 리차드 쇼 님, 손자 윌리엄 님과 조카 캐서린 님, 엘리자베스 님, 참전용사이신 제서스 로드리 쾨이어즈 님는 앞으로 나와 주시기 바랍니다. 그리고 통일부장관님, 해군참모총장님, 국회의원님, 은평구청장님, 은평구의회 의장님, 은평구재향군인회 회장님도 앞으로 나오셔서 동상 제막식에 참여해주시기 바랍니다."

사람들은 삼삼오오 이동해서 흰 천막의 씌여진 동상 앞에 섰다.

"제가 구령을 하면 구령에 때라 동상에 씌워진 천막을 힘차게 당겨주시기 바랍니다. 하나 둘 셋!"

천막을 당기자 제복을 입은 이방인이 나타났다.

"참, 멋지게도 생기셨네."

"우리나라 사람 동상인줄 알았더니 아니잖아."

사람들은 웅성거렸다.

"다음은 우리 대한민국의 숭고한 자유를 위해 목숨을 바치신 윌리엄 해밀턴 쇼 대위에 대하여 묵념을 올리겠습니다. 일동 묵념!"

모두들 숙연하게 묵념을 올렸다. 스피커에서는 녹음된 나팔소리가 구성지게 울려 퍼졌다.

2010년 6월 22일, 은평구 역촌역 앞, 은평평화공원에서는 애국가와 미국 국가가 힘차고도 숭고한 가락으로 널리 울려 퍼지고 있다. 한 쪽에는 노구를 이끌고 나온 6.25전쟁에 참여했던 참전용사회 회원들과 재향군인회 회원들, 은평구 주민들, 은평구청 관계자 등 2,000여명이 참석하였고 사회자의 구령에 따라서 윌리엄 해밀턴 쇼가 전사한지 60년 만에 세워지는 동상의 제막식이 거행되고 있었다.

"다음은 윌리엄 해밀턴 쇼 대위의 연혁에 대하여 말씀드리겠습니다. 윌리엄 해밀턴 쇼 대위는 1922년 6월 5일 평양에서 당시 선교사였던 윌리엄의 둘째 아들로 태어났습니다. 1922년 6월 평양에서 선교사로 활동하던 윌리엄 얼 쇼의 아들로 태어난 쇼 중위는 평양에서 고등학교까지 마치고 미국으로 건너가 웨슬리언대를 졸업합니다. 그리고 1943년 해군 소위로 임관해 1945년 어뢰정(PT518) 부장으로 노르망디 상륙작전에 참전해서 혁혁한 공을 세우고 미국 정부로부터 무공훈장을 받습니다. 1947년 미 해군에서 전역 그는 한국으로 와 진해 해군사관학교에서 영어와 함정 운용술 교관으로 생도를 가르치며 초창기 우리나라 해군 발전과 한국해안경비대 창설에 기여하며 대한민국 국군 태동기를 이끌어나갔습니다.

그리고 다시 미국으로 돌아가 1950년 하버드대에서 박사과정을 밟던 중 6·25전쟁이 발발하자 그는 한국을 돕기 위해 미 해군 중위로 재입대를 합니다. 그는 부모님에게 '한국인들은 자유를 지키려고 분투하고 있는데 이를 도우려 흔쾌히 가지 않고 전쟁이 끝난 뒤 돌아가려는 것은 양심이 허락하지 않는다'는 내용의 편지를 남기고 한국으로 향했던 것입니다. 이후 연합군의 인천상륙작전과 서울 탈환 작전에 참가한 그는 1950년 9월 22일 미 해병 7연대의 서울 진격에 앞서 녹번리에서 정찰 임무를 수행하다 인민군의 총탄을 맞고 산화합니다. 가족사항으로는 미망인 주아니타 여사와 큰아들 스티븐 쇼, 둘째 아들 리차드 쇼, 그리고 딸 밀라니가 있습니다."

사회자는 쇼의 연보를 또박또박 읽어나갔다.

"그랬군요. 우리 은평구 사람들은 그걸 까맣게 모르고 살았네요."

"정말 고마우신 분이네요. 우리나라 사람도 아니면서 우리나라를 위하여 목숨을 바치다니! 정말 고마우신 분이에요."

"이렇게 훌륭하신 분을 왜 이제야 알아봤데요. 이제라도 그런 훌륭하신 분의 동상이 세워지고 은평평화공원이 준공된다는 것은 정말 잘한 일이네요."

참석자들은 눈물을 훔치는 사람도 있었고, 이구동성으로 '저런 고마운 사람, 저런 아까운 사람이 있나'라며 한 마디씩 거들었다.

프롤로그

은평평화공원의 윌리엄 해밀턴 쇼 대위 동상에는 "한국에서 태어났으니 한국 사람입니다. 내 조국에서 전쟁이 났는데 어떻게 마음 편하게 공부만 하고 있겠어요. 내 조국에 평화가 온 다음에 공부를 해도 늦지 않아요."라고 쓰여 있다. 이 말은 6·25전쟁 당시 외국에서 유학하고 있던 한국 학생의 편지가 아니다. 미국인인 윌리엄 해밀턴 쇼 해군 중위가 1950년 9월 15일 인천상륙작전이 끝난 뒤 당시 해군 중령인 이성호 제5대 해군참모총장에게 한 말이다.

동상의 높이 2.2m(기단 포함 3.5m)로 정복을 입고 차렷 자세 서 있는데 자신이 피를 흘렸던 이 땅을 응시하고 있다. 그의 추모비에는 "사람이 친구를 위하여 목숨을 버리면 이보다 더 큰 사랑이 없나니…….(요15;13)"하는 성경말씀이 새겨져 있다. 가끔 비둘기들이 날아와 놀고 철따라 꽃들이 피어나는 은평평화공원, 어린이, 중고생, 주민들의 쉼터가 되고 있는 이곳은 그가 친구들을 위하여 목숨을 바쳐 지켜낸 자유의 땅이다.

전사 당시 29세였던 쇼 중위는 1계급 특진되어 대위로 진급했으며 현재 부모와 함께 서울 마포구 합정동 외국인 묘역에 잠들어 있다.

1956년 대한민국 정부는 그에게 금성을지무공훈장을 추서하였고, 미국 정부는 은성훈장을 추서했다. 같은 해에 해군장교 및 많은 서울 시민들은 그가 전사한 자리에 전사기념비를 세웠으나 이후 서울 도시계획으로 철수되었고, 지금까지는 응암어린이공원에 해군사관학교 제2기생들의 협조로 만든 작은 추모비가 있을 뿐이었다. 그런데 은평평화공원이 건립되고 그가 전사한지 60년 만에 그의 동상이 세워졌으니 늦은 감은 있으나 그의 숭고한 희생에 대한 감사의 뜻을 전하는 것 같아 조금이나마 위안이 된다.

한편 쇼 대위의 아버지 윌리엄 쇼 박사는 평양의 광성보통학교 교사로 근무하다가 목사 직분을 안수받고 영변과 만주 등지에서 선교사로 활동한 바 있다. 6.25전쟁이 발발해 아들인 쇼가 참전하자, 마음의 동요를 느껴 아버지 쇼 박사 역시 주한미군에 자원입대하여 군목으로 활동하였으며 대한민국 육군에 군목제도를 도입하는데 역할을 다하였다. 쇼 대위의 부인 주아니타 여사는 1956년 서울로 돌아와 이화여대 교수를 지냈으며, 큰 아들 큰아들 스티븐 쇼는 서울대 법대 초빙교수를 지냈고, 큰 손녀는 오산 공군기지에서 장교로 근무한 바 있다. 쇼 대위의 가족은 4대째 우리나라와 인연을 맺어오고 있다.

우리는 가끔 미국 사람들이 우리에게 광우병 쇠고기를 팔았다거나 자동차, 휴대폰에 반덤핑 관세를 먹였다며 분노하는 사람들을 본다. 그러나 그것은 양국의 합의에 의한 정당한 통상교역이다. 통상교역이 잘못됐다며 대통령이나 담당 장관의 이름을 함부로 들먹거리며 비하하는 사람들을 본다. 그 역시 우리나라가 자유민주주의 국가이기 때문에 있을 수 있는 현상이다. 누구를 욕하고 반대하며 시위할 수 있는 나라, 그곳이 민주주의 국가다. 6.25전쟁으로 인해 우리는 민주주의의 고귀함을 잃을 뻔했다. 요즘 종편TV에서 방송하고 있는 이만갑('이제 만나러 갑니다'의 약칭)이란 프로그램이 인기다. 탈북한 미녀들이 나와 북한의 실상을 고발하는 프로그램인데, 북한이 얼마나 못살고 통제된 나라인지 그들의 입을 통해 우리는 실감한다. 당시 일본강점기시대로부터 막 벗어난 우리 힘으로는 소련연방과 중국공산당이 합세하여 일으킨 전쟁에서 국민의 목숨을 지켜낼 수 없었다. 윌리엄 해밀턴 쇼! 비록 우리나라는 남북으로 분단되었지만 그가 우리 대한민국 국민들의 자유를 보장해준 것이다.

이 지면을 빌어 4대째 우리나라를 사랑해준 윌리엄 해밀턴 쇼의 가족과 전투 병력을 파병해준 미국을 비롯한 영국, 호주, 캐나다, 네덜란드, 뉴질랜드, 프랑스, 터키, 필리핀, 태국, 그리스, 남아프리카공화국, 에티오피아, 콜롬비아, 벨기에, 룩셈부르크 등 16개국과 의료지원단을 파견해준 스웨덴, 인도, 덴마크, 노르웨이, 이탈리아 등 5개국 21개 나라 국민들에게 머리 숙여 감사의 인사를 올린다.

(끝)

자매결연 문학회 탐방

한국스토리문인협회

- 고려대학교 평생교육원 시창작과정

달의 하루

김 순 진

달은
아무것도 안하면서 하루를 지낸다
그냥 빈둥빈둥 뒹굴며
살찌기를 기다린다
세상에나
살찌는 것이 대접받다니
나는 조금만 살이 쪄도
주변사람들이 난리를 치는데
달은 좋겠다

그런데 달이 그렇게 사나운 줄은 몰랐다
날마다 달은 어둠을 들개처럼 물어뜯고 있었다
달이 그렇게 일을 많이 하는 줄은 미처 몰랐다
달은 밤새도록 세상 모든 것을 혼자 말갛게 씻겨서
아침에 꺼내놓는다
그래서 그 통통하던 달은 어느새 야위어
갈빗대를 드러내며 등이 굽은 채
서산마루를 걸어가고 있다

산

권 영 춘

품안의 것들을 꿈꾸게 한다
골짜기 깊은 곳에서 몸을 푸는 봄날이 오면
붉고 노란 꽃들을 지천으로 출산한다
산딸나무 가지에 백색 바람개비를 달아
가끔 바람을 피우기도 한다
온몸을 흔들어대면 골바람은
등성이를 타고 그의 키만큼만 날개를 단다
침묵을 몸속 깊은 곳에 묻어둔다
등뼈를 허무는 고통이 몰아닥치면
품안의 모든 것들을 온몸으로 끌어안는다
주변의 온갖 사물을 거느리는 듬직한 좌장이 된다
날개를 달고 바다 위를 유유히 날 때가 있다
푸르른 바람 한 가닥을 몰고
천년학*이 되어 천상으로 비상을 한다
흘러간 시간과 떠도는 영혼들을
항상 커다란 날개로 감싸안는다

* 영화 제목

아침 산책길

권 금 주

이른 아침 산책을 나섭니다
솜털처럼 가볍게 비워지는 마음입니다
하루를 시작하기 전 자신을 충전하는 시간입니다
아침 산책은 하루를 기분좋게 열어 줍니다
사람들의 표정이 그늘 없이 맑아보입니다
그 가벼운 걸음걸이에서 또 다른 행복을 발견합니다
노부부가 느린 거북이걸음으로 걸어가고 있습니다
살아온 세월의 흔적과 삶의 여유가 보입니다
중년부부가 발을 맞추며 걸어가고 있습니다
믿음으로 가꾼 그윽한 사랑이 평온합니다
젊은 청년이 빠르게 걸어갑니다
삶의 열정과 부푼 희망이 보입니다
젊은 여인이 이어폰 끼고 흥겹게 걸어갑니다
사랑의 꿈을 꾸는 듯 수줍은 미소가 가득합니다
산책길에 만난 사람들에게서 무언의 가르침을 받습니다
부지런함과 여유를 배웠습니다
무거운 마음 훌훌 털고 돌아오는 발걸음이 가볍기만 합니다
하루의 시작이 설레입니다

우편함

고 보 희

나를 외면 않고 찾아오는 것은 너희들뿐
매월 중순경이면 보고 싶지 않아도
몰려드는 우편함 단골 메뉴 점점 고공행진
빼곡히 어우러져 나를 기다린다

나는 건망증으로 우왕좌왕 하는데
너는 수십 년간 나를 옥죄는 족쇄
반갑지 않은 메뉴 이름도 생소한 것들
숫자가 늘어 곤장처럼 다가온다

모른 척 외면할 수 없는 것들
내주머니를 노리고 있는 것들
너희들 때문에 깊어지는 생의 주름
나의 눈은 가재미눈을 닮아간다

싸리꽃 어머니

김 매 절

서래섬 한강물 열린 길 휘감아돌 때쯤
미끌매끌 기름칠한 살얼음 제각기 계절 따라 녹아내리면
싸리 새순 달달볶아 튀겨져나온다
쌀밥풀꽃 풀풀 날려 생일상 차려지면
사무침으로 치장한 어머니 흰 저고리 곱게 차려 입으신다
뽀오얀 엄니 얼굴 향긋한 엄니 냄새
눈으로 사위어 등 뒤에 업으면
엄니 품속 같은 꽃의 흐드러진 조팝향이 그윽하다
볼에 붙은 밥풀 떼어 봄바람에 휘휘 저으면
추억 한 소큼 송글송글 피어오른다
눈시울 위로 피는 꽃 한 잎 두 잎 떼어다가
어둠 내린 동작대교 난간에 청사초롱 불 밝히면
반쯤 뜬 눈썹달에 엄니 얼굴 차오른다

정개의 추억

김 무 늬

삐걱거리는 나무 문틈 사이로
나는 보았다

열 살 쯤 되어 보이는 여자아이가 가마솥에 물을 붓고
아궁이에 불을 지피고 있다
덜 마른 솔가지를 힘껏 밀어 넣느라
머리카락이 땅바닥에 닿는 줄도 모르는 채
부지깽이로 휘적거리고 있다
시커먼 연기가 줄자
가랑이 쫙 벌리고 앉아 구성진 노랫가락에 흥이 겹다
알뜰한 당신, 단장의 미아리고개가 구성지고
잘도 넘어가는 뽕짝의 리듬에
황토 부뚜막은 노랫가락 사이로 부서져 내린다
물이 팔팔 끓어오를 때
준비된 큰 고무다라는 작은 욕조가 되고
문고리에 걸린 숟가락 하나는
장정 몇을 이기고 남을 문지기가 된다
이윽고 가마솥에 김이 모락모락 피어오를 때
나는 보았다
복숭앗빛 소녀의 꿈을

* 정개는 부엌의 전라남도 사투리

콩국수

김 방 주

옛날 어느 산골마을이었어요
세상에서 무엇이 가장 좋은지 나쁜지
판단을 하기 어려울 때였어요
그녀는 발뒤꿈치를 사뿐사뿐 들면서
오직 한 사람만을 쳐다보려 애썼지요
멀리서라도
가까이 있는 것처럼 생각하며 살았어요

그러다 강산이 다섯 번 흐르고
세 살배기 모과나무가 고목이 되었을 때에서야
하늘의 뜻으로 콩국수 집에서 만났다네요
당당한 모습으로 나타난 그는
예의바른 태도와 은근한 배려심이 멋진 사람이었어요
이젠 헤어지지 말고 콩국수처럼 고소하게
알콩달콩 살자구요

너의 이름은 야생마(野生馬)

김 석 중

너는 거센 흙먼지를 헤치며
머나먼 길을 돌고 돌아 쉬임없이 달려왔다
이제는 너의 목에 씌워진
오랜 세월의 멍에를 떨쳐 버리고
광야의 그늘에서 쉬어야 할 때
빈 영혼 속에 빨간 자유를 흐르게 하자
저 푸른 초원을 무대삼아 아픈 곳 어루만지자
가슴 속 응어리를 허공에 날려버리자
詩와 노래와 사랑의 곡식이 저리도 풍성한데
아직 못 다 쓴 詩 한편
못 다 부른 노래 한 소절
못 다한 사랑 한 올이 남았다면
남김없이 불사르자
네가 태어나던 아득한 옛날
차가운 달빛 사이로
어미의 따스한 눈빛이 아련하다

야생화

김 선 영

사탕처럼 감미롭게 다가오는 그대의 향기
코끝을 스치네
여기저기서 말갈기를 휘날리며
마구 달려오는 조랑말들
보살피는 이 없어도
세파에 시달리면서도
그저 사심 없이 살아온
쑥부쟁이 억새꽃이여
모양새 예쁘고
마음씨조차 곱게 보이는
갈향기 짙은 그대여
어디에서나 묵묵히 제 소임을 다하는
그들을 닮고 싶다

항아리

김 상 호

나의 본관은 누를 황(黃)씨
시조는 토지이고
중시조는 물레
파시조는 가마이다

어미는 일찍 떠나고 아비 손에서 자랐다
바른 사람 되라고 매 맞으며 컸고
뙤약볕에 벌도 섰다
때론 설설 끓는 방에서 담금질도 당했다
동네 여인들은 어미 없이 자랐다고
껴안고 어르고 철 따라 옷도 갈아입혀
흙 한 점 묻히지 않고 귀하게 여겨준다
때로는 할머니가 오시어
고달픈 삶을 털어 놓으며 하소연하신다
사람들은 계절이 바뀔 때면 내게 시루떡을 먹이며
그저 무사하길 바라는 절을 한다
헌데, 얼마 전부터 여인네들에게 새로운 놈이 나타나
이 눈치 저 눈치 보며 힘든 서러운 세월을 산다

요즈음은 자손이 줄어들어
어떻게 대를 이을까 걱정이다

국수

김 수 영

왜 키만 크고
살이 찌면 안 되는 걸까
줄긋기가 취미인양 나란히 서서
서로 잘났다고 재잘거리며 반듯한 길을 걷고 있다
수제비가 되고 싶은 작은 꿈을 꾸어보지만
쫄깃한 맛의 지도를 그리며
서민과의 친구를 자청한 그녀
그녀가 있기에 나는 밥 먹기 싫은 날에도
달콤한 체리의 유혹을 견딜 수 있었다
석 달 굶다 단 한번
뜨거운 물에 삶아진다 해도
쫄깃한 인생을 살고 싶다
서민들과 어깨를 나란히 하며
즐거운 잔치를 벌이고 싶다

전철

김 태 연

상큼한 차림새 정겨운 그가 오늘도 나들이 길을 나섰다
오라는 이 없지만 기다리는 이 많다며
아담한 작은 도시를 매일매일 스쳐지나간다
오가다 마주쳐도 반가운 기색 없지만
대식가란 소문이 파다한 그인
게걸스럽게 먹고 싸대기 바쁜 잡식성 체질이다
육중한 거구를 지탱하기 위한 방편일까
오직 먹는 것만이 취미요 삶의 전부인 듯
오늘도 먹고 싸대느라 여념이 없다

큰 덩치에 원만한 성품을 지닌 그인
역마살이라도 낀 듯 바삐 돌아치지만
약속시간만은 칼같이 지키는 강북멋쟁이다
천성이 바지런한 그인 오늘도
휴일을 반납한 채 강바람을 가른다

두부

김 현 희

보랏빛 꽃으로
생의 절정을 마치고 말 줄 알았습니다
그래서 사투하는 생의 한 가운데
미풍도 불지 않는 태양의 화살을 견뎌왔습니다
뜨거운 세월 힘써 견디며 새로운 세상 동경해왔죠
그러나 나는 용광로 같은 고통 속에서도
급기야 한계의 즙을 짜내고
인내의 간수를 넣고 말았습니다
그리하여 드디어 갈무리한 순백의 결정체를 이루었지요
자욱한 눈보라에 설화처럼 피어나는 입자들을 보셨는지요
아프고 뜨거운 세월을 반듯하게 빚어
모든 이에게 헌신하는
나의 새하얀 부활을 보셨는지요

벽

노 지 윤

그녀는 어느 고을 대감댁 규수인가 보다
큰 장롱 두 짝이 얼굴을 가리여도
싫은 내색 하지 않고 미소짓는다
날마다 시계 달력 액자를 들고 서있으라고 해도
아무런 불평불만을 하지 않는다
그녀의 집에는 꼬리 열둘 달린 여우 새끼 한 마리가 있는데
색연필만 잡으면 그녀 얼굴에 그림을 마구 그러댄다
그래도 그녀는 아무렇지도 않은 듯 웃는다
내가 허리가 아프면 등받이가 되어주고
가끔 어려운 일이 생기면 토닥토닥 두들겨주기도 하는 그녀
오늘은 무슨 일인지 눈을 아래로 깔고 생각에 잠겨 있다
착하다고 믿었던 그녀인데 무섭게 화를 낸다
무거운 것을 들고 있으라고 해도
안 입는 옷을 벗어서 주어도 묵묵히 참아준
그녀의 마음을 이제야 알 것 같다
그동안 벙어리 냉가슴을 앓고 있었나 보다
구석에다 곰팡이 같은 토사물을 수북이 뱉어놓았다

아무리 마음이 좋아도 한계가 있는 법이로군

종달이 높이 날다

박 현 웅

아버지, 시골 오일장에서
튼실하고 눈망울이 큰 누렁이 황소를 사왔다
누렁이 황소는 우리 집 재산목록 일호가 됐다
잘그랑잘그랑 아부작아부작
누렁이 워낭소리와 여물 먹는 소리에
우리 가족 살찌운다
이랴이랴 음매음매
워워 음모오음모오
밭갈이 할 때 아버지와 누렁이의
정겨운 소리에 우리 형제들
상급학교 공납금 낸다

삐르르캬아캬아 쭈르르캬아캬아
풀숲의 종달리 하늘높이 도망가는 소리에
우리들 민방위 훈련한다
밭 건너편 숲에서 껑껑 껑껑
장끼 발정났다
구애 소리에 가족계획 세운다
추억 한 페이지에는
종달이란 지휘자가 있다

시계

신 형 자

오늘도 당신을 바라보면서 눈을 뜬다
이젠 당신 없인 하루도 못살 것 같다
집에 있어도 밖에 나가도
늘 보고 싶은 당신
언제나 그리운 당신
이 세상에서 당신처럼
나에게 맹목적 사랑을 받은 이도 없을 거야
당신을 알고 나서 지금까지
단 하루도 당신을 생각지 않은 날 없으니
아마도 이 세상에서 내가 가장 사랑하는 사람이
당신이라는 걸 아무도 모를 거야
내가 잠 못 이룬 밤에도
지긋한 눈빛으로 나를 바라봐주는 당신
이 세상을 살아가는 동안
나는 언제 어디서든 함께 할 거야
오늘도 나는 당신의 목소리에 깨어
즐거운 하루를 시작한다

딸기아빠

심 상 영

우린 만난 지 꽤나 오랜 시간이 흘렀다
이젠 서로 참 많이도 익숙해졌다
새파란 시절에도 붉은 볼의 지금도
그 아이만 보면 입꼬리가 올라간다
그런데 언제 이렇게 탐스럽게 커버렸는지 모르겠다
온 힘을 다해 돌봤던 어린 시절
어떤 모습으로 변해갈까 설레었다
어느새 화려한 모습으로 성장하더니
이제 떠날 준비를 한다
내 입꼬리 찢어진 게 얼마나 되었다고
다가올 이별에 창밖을 보며 아쉬움을 달랜다
속 좋은 아내는 통장 들여다보며 어떤 예단을 할까
어떻게 포장해 보낼까 계산이 분주하다
행여 그들은 이런 내 마음 알기나 할지
새 환경에 들뜬 마음만 가득한 건 아닌지
딸기는 팔려갈 꿈만 키우고
딸기 아비는 서운함만 키운다

시를 쓸까 말까

윤 경 옥

시를 배우러 왔다지만 사실은 사람이 좋아서 왔네요
시는 사람이 쓰는 것이니까
시를 쓰는 사람과 친하면 시를 쓸 수 있지 않을까요
같이 묻어가면서 시를 알아가겠습니다
사실 저까지 시를 쓴다고 하면 자신들을 가볍게 여긴다고
그들이 화낼까 걱정이에요
시를 배우다보니 주변에 사물들이 새롭게 보여요
다들 스스로 움직이면서 내게 뭐라뭐라 말하는 것 같아요
암튼 이 자체를 즐기는 것만으로도 행복합니다
저는 너무나 단순하고 걱정이 없어
시인의 자질이 좀 부족한 것 같은 생각이 들어요
다 그렇구나 정말 그렇군 아무렴 그렇겠지
그렇게 쉽게 긍정해버리는 습관 때문 고민이 없어요
자주 멍 때리는 내 머리는
그냥 흘러가는 대로 유영하며 사는 것 같아요

시가 내게로 흐를 수 있을까요

오이씨 전설의 부용산성

손 정 애

10여 년 전 전설의 고향에 방영되었던 가슴시린 사연을 기리고자
우리의 얼이 담긴 한글날을 택해 축제의 장을 연다
방귀를 뀌었다는 이유로 신혼 첫날밤에 쫓겨난 왕비
그의 몸엔 이미 새 생명이 잉태된 상태였다
아이가 철들어가면서 아버지를 찾아 보채니
쫓겨나게 된 연유를 들려줄 수밖에 없었다
그 말을 들은 아이는 오이씨를 들고 궁궐주변을 돌면서
저녁에 심어 아침에 따먹는 희귀한 오이씨를 사세요, 외친다
풍문을 전해들은 왕이 그 아이를 궁으로 불러들이라 명한다
세상에 그런 씨앗이 있단 말이냐
예 있습니다
단 방귀를 뀌지 않는 사람이 심어야 가능한 일입니다
예끼 이 녀석 방귀 안 뀌는 사람이 어디 있느냐, 호통을 쳤다
그렇다면 어찌하여 방귀를 뀌었다고 어머니를 폐비 시키셨습니까
따져 묻자 크게 뉘우친 왕은 폐비의 입궐을 명했다
그러나 명에 따르지 않고 산성에서 여생을 마친 폐비는
이곳 부용산의 여신이 되었다고 한다

그의 품에 안겨 갈고 닦아온 40여 년
그 터전 위에 자리한 아담한 도량에서
폐비의 생애를 기리기 위해 준비한 축제의 장이다

새는 날고 꽃은 피어

- 나의 라임오렌지나무에게

윤 정

소년이 타고 놀던 나무는 자라서 커다란 그늘이 되고
소녀가 타고 놀던 그네는 자라서 높다란 나무가 되네
소년이 의지했던 아저씨가 떠나던 날,
오렌지나무는 하얀꽃을 피워 작별인사를 하고
소녀가 의지했던 아저씨가 떠나던 날,
바다갈매기는 파도소리 가르며 위로의 노래를 부르네

가슴에 새 한마리를 키우던 소년은
천상에서 꽃을 만나 행복해지고
가슴에 꽃 한송이를 피우던 소녀는
바다에서 새를 만나 행복해지네
새처럼 가벼워진 마음으로 소년은 고향을 찾아오고
꽃처럼 어여뻐진 모습으로 소녀는 바다로 돌아온다

다시 잔잔해진 파도를 벗삼아 새는 날고
다시 평온해진 바람을 벗삼아 꽃은 피어
슬픔의 날들이여 안녕
기쁨의 날들이여 안녕

콩꼬투리

이 병 옥

한 꼬투리서 나란히 자란 오 남매
잘 여문 콩알들은 통통 튀었지
저희끼린 콩 볶다가도 남이 아우 흉보면 형이 나서고
형이 지는 거 보면 아우가 굴러가 역성들었지
그래서 피는 물보다 진하고
형제 없는 외톨이는 서럽다 했지

뿔뿔이 흩어진 콩알이 삶의 터 잡고
때가 되어 싹을 틔웠지
한 꼬투리서 올망졸망 자란 거 그새 잊고
큰집 작은집 고모 이모 한 치 건너 두 치 되더니
삼촌 사촌 오촌 육촌 순식간에 풍작 이루어
저마다 통통한 콩꼬투리 키우고 있지

남산

이 서 영

남산은 보고만 있어도 좋다

손자를 안고 소월길 한 바퀴 돌아도

그때는 하나도 힘 드는 줄 몰랐다

이제는 다 커서 할머니를

업어주는 손자가 되었다

아, 그 시절이 그립다

세월이 화살과 같다는 말이

새삼 가슴에 와 닿는다

입석

이 송 현

부산을 가기위해 서울역으로 갔다
휴가철이라 입석밖에 없다
어릴 적 아버지와 고향을 떠나 서울로 이사올 때
기차를 타도 멀미를 하며 서울로 왔던 아련한 기억이 난다
매년 순천행의 비둘기호 밤차를 타기위해
교복을 입고 자리를 잡으려 뛰었던 기억이 아련하다

얼마 전 시인들과 강원도 영월에 간 적이 있다
그곳에서 수십만 년 동안 입석을 타고 여행하는 선돌을 보았다
다리가 아플 때도 되었으련만
그는 지금도 사철 관광을 즐기고 있었다
여행이란 어떤 환경이라도
소풍가는 어린아이처럼 설렘이 있는가 보다

아이들, 등대가 되다

- 죽음을 넘어 사랑으로

이 윤 수

아침이 되면 나무는 푸른 등을 밝힙니다
밤새 꺼놓았던 작은 풀도 꽃등을 켭니다
길에서 잠들은 돌들도 깨어나 등짝에다 믿음의 등을 켭니다
모두들 그렇게 서로를 위하여 등불을 켭니다
그러나 아직 불을 켜지 못한 곳이 있습니다
사람들의 마음속입니다
혹시 내 것을 빼앗기지나 않을까 사람들은 안달합니다
혹시 내 덕에 먹고살까 사람들은 불만합니다
어떻게 하면 내 주머니에 넣을까 노심초사합니다
그런 사람들에게는 순항이란 없습니다
만선으로 돌아올 등대란 없습니다
좌초의 빨간 불이 켜짐을 모르는 그들에겐 암초만 자랄 뿐입니다
그걸 모르고 스스로의 등불을 꺼둔 채 암흑으로 항해합니다
모든 사람들은 등대가 될 수 있습니다
모든 사람들은 가슴 깊은 곳에 수백만 개의 등불을 갖고 있습니다
이 나라에 꺼지지 않는 등불을 찾으러 바다로 들어간 아이들이 있습니다
아직도 차가운 바다를 헤매고 있는 아이들이 있습니다
지난 4월 진도 앞바다에는 수백 개의 등대가 세워졌습니다

아이들아, 너희들이 스스로 등대가 되었구나
영원히 꺼지지 않은 않는 등대가 되었구나
혼자서는 등대를 세울 수 없어 함께 들어가 마침내 등대를 세웠구나
이 나라가 안전하게 살 수 있는 그날을 위해
너희들이 먼저 불을 켜 어른들의 등대가 되었구나
너희들이 결국 어른들이 하지 못한 일을 위해
그 여린 가슴으로도 조용히 등대가 되었구나
아이들아 너희들은 이미 어른들에게 태양 하나를 꺼내 밝히고 있었잖니
마음속에 타오르는 꽃불을 밝히고 있었잖니
어른들의 가슴에 등불 같은 아이들아
우리 모두의 아이들아
내 가슴을 도려낸 살점 같은 아이들아

개망초 우산

전 하 라

가뭄이 지속되어
땅이 마르고 마음이 탄다
그런 농부의 마음을 아는 듯 주룩주룩 비가 내린다

개망초꽃들, 노랑우산을 받치고
학교에 가나 보다
어릴 때 노란 우산에 노란 장화를 신은
용희를 부러워한 적 있다

지금도
유년의 여름엔 비가 주룩주룩 내리고
대나무로 된 비닐우산이 뒤집힌
한 소녀가 학교로 뛰어 들어가고 있다

출사

정 아

빛 좋은 날
발길 가는대로 출사표를 던져본다
온 세상이 작은 창으로 들어와
아름답게 보이는 날
나도 덩달아 자연으로 화사해지는 날
앵글을 설정하고
한순간, 숨을 고른다

찰칵!
경쾌한 소리에 전율이 흐른다
그래
산다는 것은
들숨을 참고 셔터를 누르듯
순간이 행복해지는 일이 아닐까

모든 시름 잊고
찰칵!
순간을 담아

영원을 꿈꾼다

나들이

최 문 옥

고개 너머 아재비댁에 심부름 가는 길이다
발끝에 차이는 돌부리에 하마터면 넘어질 뻔했다
그 돌부리 눈으로 정조준하여 젖 먹던 힘까지 걷어찬다
이마에 맺힌 땀방울 손등으로 스윽 닦으며 간다
언제부터 따라 왔을까
숯아재비마냥 까만 깜둥이 혀가 쑥 빠진 채 학학거린다
햇살은 어머니 가슴처럼 푸근하고
아지랑이는 나른한 꿈길로 피어오르는데
부는 듯 마는 바람은 코끝을 간질거리며 감미롭다
길가 미나리아재비는 간들간들 노오랗게 웃고
시냇가 게아재비가 살금살금 기어나올 무렵
야가 누군고,
맨발로 달려나온 아재비는
설탕아재비를 넣고 삶은 옥수수 한 양푼이 부리나케 내온다

산동네 산후조리원

추 민 희

한 꺼풀씩 벗겨낸 하늘이 퍽이나 얇아졌다
때에 찌든 검은 두루마기 칭칭 감고 입 다문 근엄한 청학동 훈장님
이제 싫증이 난 건지 옷을 훌훌 벗어 내던지고
엷은 옥색 버버리 꺼내 입고 헤벌쭉 웃는 게 하릴없는 놈팽이다
구름 한 점 잡아타고 어딜 그리 급히 가는지
포커 판이라도 벌였나 종종걸음 따라 나섰더니 바람이 준비한 길 따라 나선다
능선이 궁금증 참지 못하고 구불구불 고갯길 따라 나선다
함몰진 짝패들 무슨 음모 꾸미려나 보다
꼴깍이는 목젖 가다듬고 지켜보았다
휘리리릭 바람에 장난질로 가랑잎오두막 문이 열리고
해묵은 이브자리 들춰낸 자리엔 고운 흙부인이 해산을 한다
작은 싹이 낑낑 탯줄 잘라 그네매고 아지랑이 통속에서 바람을 탄다
산동네 해산날이라 바람의사도 능선간호사도 그리 분주했구나
이집 저집 새싹의 탄생으로 축시가 메아리신문에 빼곡히 실리고
축하에 화환이 속속 도착하네
산수유꽃 노란 눈웃음이 산고랑에 흘러넘치고
매화는 예쁜 리본 펄럭이며 나비랑 왈츠를 춘다
산파할미꽃 허리도 못 펴고 진달래 등걸에 불을 지핀다
따듯한 온돌방 산동네 산후조리원

그녀의 정원

한 상 현

라일락이 꿀벌을 유혹해 불륜을 저지를 때쯤
산자락에 그녀의 정원이 살고 있다
벚꽃이 봄에게 러브레터를 보내고
목련이 호랑나비와 웨딩마치를 울린다
찔레꽃 가시에 찔러 복수초 눈초리 매섭다

아침이 고개를 들어 꽃들이 인사를 한다
장미의 키스가 그녀의 입술에 사랑을 심었다
안개꽃이 피는 날 패랭이 모자를 쓰고
거미줄에 앉아 바이올린을 탄다
수선화 아침 이슬에 취해 교태를 부린다

나팔꽃 스트라빈스키 선율에 부용이
불새가 되어 하늘로 날아갔다
달맞이 꽃을 타고 하늘을 걸으며 내려다 본다
초대받지 못한 엉겅퀴 민들레 칡꽃들이
꽃들을 밀어내고 정원을 점령하려 한다

잡을 수 없는 시간이 겨울을 먹고 있다
가슴에는 상사화가 된 두견새 서럽다
꽃들이 하얀 겨울을 덮고 잠이 든다
순간을 살아도 영원으로 잉태한 생명
그녀의 정원은 봄을 기다리며 겨울을 먹고 있다

부록

주천강문학회 회칙

주천강문학회 연혁

주천강문학회 회칙

제1장 총 칙

제1조 명칭본 회의 명칭은 주천강문학회라 칭한다.

제2조 소재지 영월군 소재지 내에 둔다.

제3조 목적 본 회의 목적은 우리 고장의 역사와 문화를 찾아내고 이를 바탕으로 지역문학을 꽃피우는 일에 노력한다.

제4조 사업 제3조의 목적에 부합하는 다음 각항의 사업을 진행한다.

1. 묻힌 역사와 문화 또는 문학 발굴
2. 창작 발표와 동인지 발간
3. 고장의 문화와 자연자원 순회탐방 시화전시회 연꽃문화제, 술 축제 등
4. 어린이 청소년을 위한 창작교실 강의와 백일장 개최
5. 도농 문학인교류협력문화예술계 인사와 단체
6. 관내 대표적인 문화예술행사와 박물관 주체행사 동참 또는 교류 협력
7. 기타

제2장 회 원

제1조 자격문학과 문화예술분야에 대한 깊은 관심과 열정을 가지고 있으며 본 회가 진행하는 프로그램에 적극 참여할 수 있는 이를 회원으로 하고 본 회의 발전을 위해 문화예술 분야의 인사를 초청 특별회원으로 한다

제2조 권리회원은 정례회의와 진행에 필요한 의결과 권리를 행할 수 있다

제3조 의무회직을 준수하며 회원의 권리와 의무를 다한다

제4조 가입입회원서를 제출해야 하며 정례회의에서 결정한 후 통보한다

제5조 탈퇴뜻을 달리하여 탈퇴를 원하는 회원은 서면 또는 구두로탈퇴의사를 통보한 날로부터 회원의 자격이 상실된다

제6조 징계본 회는 다음과 같은 사유에 해당할 시 총회의 결의로 징계할 수 있다, 징계의 효력은 징계일로 부터 밸행한다

1.본 회의 명예를 손상시켰을 때

2.회원의 의무를 다하지 못했을 때

3.본 회의 사업을 방해하거나 사회적 물의를 일으켰을 때

제3장 임원

제1조 임원본 회의 임원은 다음과 같이 구성한다

1.회장 1명

2.사무국장 1명

3.감사 1명

제2조 선임임원의 선출은 총회에서 한다

제3조 임기임원의 임기는 3년으로 하고 연임할 수 있다

제4조 임무회장은 본 회를 대표하며 회의를 총괄한고 본회의 목적과 사업을 위해 기획 집행한다

제4장 총회 및 정례회의

제1조 총회매년 12월 또는 1월에 개최하며 전년도 사업수지분석 평가와 신년도 계획을 수립 확정한다
제2조 정례회의매월 15일 월례회의를 개최한다

제5장 재정

제1조 수입월례회비, 특별회비, 후원금, 기부금, 보조금 기타 수입으로 충당하고 필요시 별도의 분담금을 납부한다
제2조 지출목적과 사업수행에 필요한 지출내역을 기록 보관한다

제6장 부칙

1. 본 회의 회칙개정은 총회에서 회원 과반수 출석과 출석회원 2/3이상의 찬성으로 개정할 수 있다.
2. 본 정관은 2010. 1. 1일 개정 시행한다.

주천강문학회 연혁

2006년

6월. 창립

12월. 창립회의 "수주 주천 한반도면 문화사랑회" 발촉

2007년

4월. 단종문화제 참가, 영월문협주관 학생 일반 백일장 진행 도움

9월. 김삿갓문화큰잔치 참가. 영월문협주관 학생`일반 백일장 진행 도움
대한민국 시인대회-집행위원회 참여

10월. 시화작품, 법흥사 천년의 숲 순회전시회

2008년

4월. 이용욱 시인 자유문예 신인문학상 수상으로 등단 기념식

4월. 법흥사 부처님오신날 기념 산사체험 & 천년의 숲 시화전시회 &
산사체험 프로그램 진행

4월. 단종문화제 참가 영월문협주관 학생 일반 백일장 진행 도움

6월. 김원식 시인 <스토리문학> 신인문학상 수상으로 등단 기념식

7월. 시섬문학회 초청 도농문학인 교류
수주 주천 문화탐방 안내

8월. 제1회 주천연꽃문화제 시화전시회
시섬문학회 초청 도농문학인 교류
도서출판 문학공원대표 김순진 시인 주천도서관 도서류 기증

9월. 제5회 영월국제조각심포지엄 및 시조각전 참가

9월. 김삿갓문화큰잔치 참가. 영월문협주관 학생`일반 백일장 진행 도움

시화작품, 법흥사 천년의 숲 순회전시회

10월. 목요수필동호회 가을문학기행 영월유치 도농문학인 교류

주천도서관 도서류 기증

10월. 사랑의 집짓기 자원봉사 수주면 무릉리 명마마을 내부 20평

11월. 수주 주천문화사랑회 문집발간

『가고싶은 기다림이 있다』 출판기념 및 시화전시회

12월. "조각회 령" 제17회 찾아가는 조각전 영월군전시회 협력주천면사무소

2009년

4월. 제 43회 단종문화제 국장체험 진행 및 박물관 투어

도농교류 문학인 120명 초청문학공원, 시섬문학회, 강원수필, 조선문학

영월문협 동강문학회 주관 학생·일반 백일장 진행 도움

5월. 범흥사 부처님 오신날 기념 청소년백일장 주관

7월. 제2회 주천연꽃문화제 시화전 개최

9월. 김삿갓문화큰잔치 참여 영월문협 동강문학회 주관 프로그램 진행 도움

10월. 술빛고을권역 거점면 농촌마을종합개발사업 유치기원 수주면 주천면 한반도면 어린이백일장 주관

12월. 수주 주천문화사랑회 주천강문학회로 개정

12월. 주천강문학 2집 출판기념

2010년

1월. 의로운 호랑이 상 의호총 제향 주천강문학회 주관

3월. 이달의 장원 "주민백일장" 신설

4월. 제44회 단종문화제 국장체험 및 박물관투어 주관

도농 문학인 120명 초청문학공원. 강릉문협. 문인화 연구소회원 진행

5월. 법흥사 평화로운 세상만들기 청소년백일장 주관 진행

7월. 제3회 주천연꽃문화제 시화전 개최

9월. 제13회 김삿갓문화제 참여 영월문협 동강문학회 주관 전국 학생 및 일반백일장 도움 진행

9월. 제13회 김삿갓문화제 시화전 초청 순회전시회 - 주천강변 웰빙산책로

12월. 주천강문학 3집 출판기념

"시와 음악과 그림의 만남" 주천강 문예한마당

12월. 주천강문학회 총회 개최

2011년

1월. 의호총 제향 주천강문학회 주관

4월. 신은숙 문인화 전시회

5월. 법흥사 평화로운 세상만들기 청소년 사생대회 주관 진행

6월. 김원식 칼럼집 『영월 희망을 보다』 출판기념회

7월. 제 4회 주천 연꽃문화제 "시와 연의 만남" 시화전시

10월. 제14회 김삿갓문화제 참여 영월문협 동강문학회 주관 전국 학생 및 일반백일장 도움 진행

10월. 제14회 김삿갓문화제 시화전 초청 순회전시회

- 주천강 웰빙산책로

2012년

1월 의호총 제향 주천강문학회 주관

7월 제5회 주천 연꽃문화제 시화전

10월 제15회 김삿갓문화제 참여 영월문협 동강문학회 주관 전국 학생 및 일반백일장 도움 진행

11월 제15회 김삿갓문화제 시화전 초청 순회전시회 - 주천강 웰빙산책로

2013년

1월 의호총 제향 주천강문학회 주관

7월 제6회 주천 연꽃문화제 시화전

10월 제16회 김삿갓문화제 참여 영월문협 동강문학회 주관 전국 학생 및 일반백일장 도움 진행

11월 제16회 김삿갓문화제 시화전 초청 순회전시회 - 주천강 웰빙산책로

2014년

1월 의호총 제향 주천강문학회 주관

7월 제7회 주천 연꽃문화제 시화전

10월 제17회 김삿갓문화제 참여 영월문협 동강문학회 주관 전국 학생 및 일반백일장 도움 진행

12월 주천강문학제 7집 『이파리가 있는 풍경』 발간. 출판기념회

주천강문학 제7집

이파리가 있는 풍경

초판인쇄일 2014년 12월 4일
초판발행일 2014년 12월 10일

발 행 처 : 주천강문학회
발 행 인 : 이재업
홈페이지 : http://cafe.daum.net/sj1122

펴 낸 이 : 김순진
펴 낸 곳 : 도서출판 문학공원
등 록 : 2004년 3월 9일 제6-706호
주 소 : 서울 동대문구 신설동 난계로 26길 17호
삼우빌딩 C동 302호우편번호 130-814
계간 스토리문학사
전 화 : 02-2234-1666
팩 스 : 02-2236-1666
홈페이지 : http://cafe.daum.net/yob51
이 메 일 : 4615562@hanmail.net

이 책은 영월군의 지원으로 제작되었습니다.